社会主义核心价值体系建设
"双百"出版工程

项 目

/100位

新中国成立以来感动中国人物/

王 进 喜

孙宝苑/著

★

吉林出版集团 | 吉林文史出版社

前　言

　　每个人的心中都多少有一点英雄情结，都向往英雄、景仰英雄。也正因此，在中华人民共和国建国六十周年之际，由中央十一部委联合组织开展的"100位为新中国成立作出突出贡献的英雄模范人物和100位新中国成立以来感动中国人物"的评选活动中，群众参与投票总数近一亿。这其中的每一张选票，都表达了人们对英雄模范的崇敬之情，寄托着对伟大祖国的美好祝福。

　　一个民族不能没有英雄，否则这个民族就不会强大。当国家危难之时，懦弱者选择了逃避、妥协甚至投降，英雄们却挺身而出，用热血捍卫民族的尊严，人民的幸福。在创立和建设新中国的伟大历程中，涌现出无数可歌可泣的英雄模范人物。他们之中，有为了民族独立和人民解放而英勇牺牲的革命先烈，有为了党和人民的事业而不懈奋斗的优秀共产党员，有在全民族抗战中顽强奋战、为国捐躯的爱国将士，有英勇杀敌的战斗英雄和革命群众，有积极从事进步活动的著名民主爱国人士和国际友人……他们是民族的脊梁、祖国的骄傲，是激励全体人民团结奋斗的精神力量。

　　《100位新中国成立以来感动中国人物》丛书，就像一部星光璀璨的英雄谱，真实、完整地记录了英雄模范人物不平凡的一生，再现了他们非凡的人格魅力和精神世界。舍身堵枪眼的黄继光，拼命也要拿下大油田的王进喜，中国原子弹之父邓稼先，新时期领导干部的楷模孔繁森……一串串闪光的名字，一个个动人的故事，犹如群星闪烁，光耀中华。

　　当今中国正处于伟大变革的时代，迫切需要涌现出一大批勇于承担历史使命、为祖国和人民奉献一切的先进人物。在"双百"人物崇高精神的引领下，在建设社会主义现代化国家的征程中，必将英雄辈出。

生平简介

王进喜（1923-1970），汉族，甘肃玉门赤金人，中共党员，钻井工程师，第三届全国人大代表，第九届中共中央委员。

王进喜于 1923 年 10 月 8 日出生在甘肃省玉门县赤金堡一个贫农家庭里，在旧社会，要过饭，放过牛，当过童工，受了 26 年苦。解放后，1950 年参加工作，是我国第一代钻井工人。1956 年 4 月加入中国共产党。他抱着感恩和跟着党干事业的思想，积极参加社会主义建设，历任工人、司钻（班长）、副队长、队长，发明了"钻机整拖"搬家新工艺，创造了"月上五千，年上双万"的好成绩，带动了钻井和石油工业的发展。

1960 年 3 月，他带队到大庆参加石油大会战。在会战中，知难而进，创造条件上，成为英雄的铁人，带动了大会战的迅猛发展，1960 年 7 月被破格提为钻井工程师，10 月被任命为钻井指挥部装建大队大队长，1961 年 2 月转任钻井生产二大队大队长。他自觉加压，积极工作，成为基层干部的榜样。1964 年 12 月，被选为全国人大代表，出席了全国三届一次人代会，在大会上发言，汇报了大庆的情况。

1965 年 6 月，被任命为钻井党委常委、钻井指挥部副指挥，1968 年 4 月，被推选为钻井革委会副主任，5 月被推选为大庆革委会副主任，1969 年 2 月，担任大庆党的核心小组副组长，4 月参加中国共产党第九次全国代表大会，被选为中央委员。整个"文化大革命"期间，他忍辱负重，坚持为党工作，关键时刻挺身而出，向党中央反映大庆真实情况，保卫了大庆油田和大庆红旗。

1970 年 11 月 15 日，王进喜因病逝世，年仅 47 岁。

党和国家给王进喜很多荣誉。1959 年被评为甘肃省劳动模范，作为先进队代表，到北京参加"十年大庆"国庆观礼、出席全国工交群英会；1960 年被树为铁人，成为大庆树立的第一个标兵，他带领的队被树为"五面红旗"之一，被命名为"钢铁钻井队"。从那以后，一直是大庆著名标兵模范。1966 年 4 月被树为石油部五好标兵。建国 40 周年时，中央组织部做出决定，把他和雷锋等一起列为"共产党员优秀代表"号召全党学习。世纪之交被评为"百年中国十大人物"。新中国成立 60 周年时，当选"100 位新中国成立以来感动中国人物"。

1923-1970
[WANGJINXI]

◀王进喜

目 录 MULU

他用自强感动中国（代序）

在新中国成立 60 周年时，大庆铁人王进喜被评为"感动中国""双百"人物。

"双百"人物，有 100 位是在革命时期为新中国成立而冲锋陷阵的英雄；有 100 位是新中国成立以后，在社会主义建设中攻坚克难的模范。王进喜就是和平建设时期为国建功的先锋战士，为民争气的民族英雄。他最可贵的品质，就是一不怕苦，二不怕死，保持着战争时期那么一股劲儿，有一种"能够战胜困难而不被困难所压倒"的坚定意志，有一种自强不息、奋斗不止、从不放弃、永不言败的进取精神，而"铁人"这个称号正是这种品质的高度概括。他能够感动中国是因为有业绩、有真情、有人格魅力，但最主要的就是他的自尊、自信和自强。

1960 年，面对大国封锁和"卡脖子"的严峻形势，面对三年自然灾害的"困难时期"，面对"青天一顶，荒原一片"的极端困难，他说"这像打仗一样，不能等"，以"石油工人一声吼，地球也要抖三抖"的英雄气概，以"有条件要上，没有条件创造条件也要上"的科学观念和高度自觉，以"宁可少活二十年，拼命也要拿下大油田"的献身精神，带领工人们用"人拉肩扛安钻机"、"脸盆端水抢开钻"、"跳泥浆池子压井喷"等这些超常的办法，战胜了超常的困难，带动了整个大会战的迅猛发展，只用三年多点时间，就高速度、高水平拿下了大油田，实现了石油产品"基本自给"，为国家争了光，为中华民族争了气。

人们问铁人为什么要这样豁出命来干，他在一次报告中这样回答："我一听外国人说我们这也不行，那也不行就生气。毛主席说中国人民站起来了。站起来的中国工人阶级最聪明，站起来的中国人民是天不怕、地不怕的硬汉子。我们就是要奋发图强，自力更生，艰苦创业、高速度、高水平拿下大油田，把落后帽子甩到太平洋里去！给我们的国家争光，为中华民族争回这口气！"

还在另一次报告会上，王进喜说："我国人民几千年来都是聪明伟大的。可是近百年来却受人家欺负。我们一定要把国家建设好，不受别人侵略。我们要在世界上喊得响响亮亮的：我们是中国人！"

就是这个喊得响响亮亮的"站起来了"的中国人——我们的铁人王进喜，感动了中国，也感动了世界，感动了伟大领袖毛泽东，也感动了美国总统尼克松！

据电视文献片《中国出了个毛泽东》记述，1964年斯诺再次访华，毛主席接见时，他问毛主席："当今反华势力很猖獗，对此你有什么要说的？"毛主席说："我当前不说什么。我国东北新发现的大油田的一个工人说，'石油工人一声吼，地球也要抖三抖'，可不得了。我们一发言，世界有人就受不了！"毛主席被感动了，他把铁人的"一声吼"看成是中国人民面对世界的发言。

美国总统尼克松听美国驻中国办事处主任布什讲述了大庆铁人王进喜的故事后，说他一定要访华，访华时一定要见见这个铁人。可当他1972年来访时，王进喜已经逝世一年多了，没有见上。合众国际社记者罗伯特·克雷布在他发布的尼克松将要访华的电讯稿里说："由于开发了大庆油田，中国已经冲破了国外的石油封锁"，"王进喜式的人物正在使中国前进"，"尼克松之所以要访问北京，多半是由于王进喜以及像他这样的中国人"。

半个多世纪以来，铁人感动了千千万万的大庆人、石油人和中国人。这些感动写在历史里，写在大庆持续发展的进程中，写在以"新时期铁人"王启民、"大庆新铁人"李新民为代表的成千上万的铁人式的好干部、好工人、好青年的事迹里，写在铁人展览馆的留言簿上。在这里就不一一引述了。

目前，大庆已通过立法，把《踏着铁人脚步走》定为市歌，大庆精神、铁人精神进校园进课堂活动正如火如荼地开展着。那些肩负未来、追求自己梦想的青少年和孩子们，走出铁人馆、走出讲述铁人故事的课堂时，满脸是阳光一样的笑，相信他们是深深地被感动了！

铁人自强、将永远感动中国！

写于2012年10月8日

铁人诞生89周年纪念日

逼上寻油路

→ 赤金生"赤金"

★★★★★

1923年10月8日（农历癸亥年八月二十八日），甘肃省玉门县赤金堡王家屯庄降生了一个婴儿。其父王金堂而立得子，很高兴，把他用破衣片裹上，装一个草筐里上秤一称整10斤，就起名"十斤娃"。

这个"十斤娃"，就是后来全国闻名的王进喜。

王家祖籍是陕西省铜州府大荔县焦家村，是晚清时祖辈"跑河西"沿着河西走廊，迁到赤金的。

赤金位于祁连山北麓，石油河（古称鸦儿河）穿境而过，是大戈壁上难得的一片小绿洲，这里的肥沃田园能养人，比较繁华的商业能富人，加上先祖们的辛劳，到十斤娃祖父王博学这一代时，王家变成了一个大户。可是在那军阀混战的动荡年代，因为连遭兵变匪劫、贼打火烧，王家很快就败落了。到十斤娃来到世间时，只有十几亩沙土地、三间破草房、一个小毛驴，除了贫穷，就没别的了。

赤金小绿洲的碧水沃野给十斤娃以孩子的天真和活泼，而贫穷则造就了他的坚强和智慧。从他记事那天起，就一步一磨难，两步一艰辛，使他生出了要改变生存环境的强烈愿望和不服输的性格，被逼走上了寻油之路，解放后成为优秀钻井工人，创造出了一个又一个奇迹。

1958年他实现"月上五千米，标杆立祁连"时，一位著名诗人写了一首诗《赤金》，在描绘了他的形象和业绩之后，赞美这位从小就喝石油河水长大的赤金人"是一块真正的赤金"。

后来，十斤娃又成为大庆铁人。铁人，人们仰望这座丰碑，听着发出的金石之声，又从内心赞叹：这个赤金之子，真是一块赤金！

➡ 要饭走戈壁

★★★★★

十斤娃长到5岁时，念过私塾、学过管账的硬汉王金堂不甘于就此穷下去，按辈分给他取大名"进喜"，准备送他去读私塾，学文化，给家里进点喜，将来也有个出头之日。

可是军阀混战，马家军猖獗，地主张武黄、黄汉青独霸一方，哪有穷人的好日子。王家盼着"进喜"，可天天进的全是愁。

这年夏天，王金堂连襟王永福勾结地主黄汉

△ 早年王进喜母亲何占信照片

青强行霸占了王家 5 亩地，王金堂领上十斤娃去讲理，保长反诬王金堂"妨碍公务"，把他关进区公所大牢。烈性子王金堂在又黑又湿又热的大牢里，一股急火攻心，双眼红肿，等三个月后，家里卖地换钱赎他时，已双目失明，回到家里就一病不起了。

这样，家庭全部重担就压在母亲身上。

十斤娃母亲何占信是个略通文化，很有主见的人。她领着十斤娃下地干活、喂猪养鸡、揽活"缝穷"，忙里忙外，拼命挣扎以求渡过这一关。

1929 年，玉门遇上了大灾荒，秋后王家剩下的几亩薄地颗粒无收，面临绝境。没别的办法了，大病未愈、双目失明的王金堂只好强支病体，让 6 岁的王进喜领着去要饭。

"春风不度"的玉门本来就是戈壁荒滩，灾后就更凋敝凄凉。小进喜手端饭碗，用一根棍子拉着瞎眼的父亲在大戈壁上走，夏顶炎炎烈日，冬冒刺骨寒风，走东家串西家，有时一天都要不到一点吃食，反被一家大地主的一条大狗，在腿上咬了一口，留下一块伤疤。从此，十斤娃学会了记仇，学会了分辨好坏人，记住了地主阶级的剥削和压迫。

按照父愿，王进喜本该去读书，可社会却给他安排了另一种课堂。"我 6 岁就去要饭"，成为王进喜终身向人宣示的一幕悲剧，也是一种终生报国的动力。

→ 放牛妖魔山

★★★★★

为了活命，为了养育子女，残疾人王金堂照样得下地劳动，照样出劳役。

石油河修坝，王金堂被逼上工地。干不了活，工头就让他跪在河边在肩上压根大木头，收工后才能取下。十斤娃见了，好像那根大木头就压在自己肩膀上，压得心滴血。他暗下决心，要像秦腔戏文里"木兰从军"那样，替爸妈干点什么。

1932年年底，玉门发生大地震，王家再次面临绝境。转年大地主"笑面虎"张武黄雇人放牛。十斤娃要去。放牛要进虎狼出没的山里去，常年住在山谷里不能回家，大人都难以支撑，何况一个10岁的孩子。妈妈不许他去，可为了挣钱给爸爸养伤治病，为了度灾荒，小进喜把要饭的棍子交给已会走路的妹妹进莲，不顾母亲反对，同三个小伙伴一起赶着百十头牛进了南面的妖魔山。

他们在山间一片草原上，用三块石头支起一口锅安下家，就开始了一年的放牛生活。他们白天把牛撒遍山野，晚上再一一圈进山谷，每天都跑得腰酸腿疼筋骨断。一旦有了风雨，就是拼了命也要把牛拢住；一旦狼来了，就点火喊叫。那些大牛们也把小牛娃子都围在中间，竖起两个犄角与狼搏斗。这样，人喊牛叫，直到把狼吓跑为止。四个人中，进喜年龄最小，可他主意最多，干活也多，有股不甘人后的劲，成了"牛倌王"。

这一段深山放牛生活，在王进喜心中留下了一股浓浓的"黄牛情结"，为他日后要当一个党和人民的老黄牛打下了思想感情基础。

➔ 淘金老君庙

★★★★★

14 岁那年，十斤娃顶父亲的名出劳役，到饮马场去修公路。干满三个月没人来换，他带头散伙回家，路修不成了，伪保长李国功说他煽动闹事，就和马家军串通，把刚刚 14 岁的王进喜抓了兵，关进区公所，准备第二天送走。他趁天黑看守们去吃饭之机用一个铁铲把门墩挖掉，卸下门板跑了出来。在叔爷王永禄帮助下一口气跑了二十几里地，躲进了一个叫毛布拉的深山老林中。是马家军把王进喜逼上了绝路；是躲兵，让他离石油和钻井越走越近。

在毛布拉的王进喜无处可去，通过堂兄的岳父、老猎人王平智的引见，几个青海人同意雇用他到老君庙去挖金子。从此，王进喜开始了他的"淘金"生涯。

聪明的赤金人，应当说是最早开发和利用玉门石油的人。早在 1862 年（清同治元年），他们就到鸦儿河一带去采金，同时把冒出地面的石油采集起来点灯、膏车。他们把鸦儿河改名为"石油河"，还在河畔修了一座老君庙，以求神灵的保佑。从那以后就没断了有赤金人去采金和开掘石油。

淘金要有技术，十斤娃根本不会，不几天人家青海人就不用他了。他住在阴冷的石窟洞里冻得发抖，一位在这里挖油的乡亲来教他取暖的办法。他找来一堆干骆驼草，浇上一些刚从山岩里挖出来的石油用火柴一点立刻烈火熊熊。小进喜烤着火，看着被火光映红了脸膛的赤金乡亲，就要求说："我也和你们一起挖油吧！"老乡说："行啊！"这样，14 岁的王进喜，就循着赤金先人的脚印，走上了"淘金—挖油"之路。挖油并不比淘金省力。不服输的十斤娃，学着大人的样子，用土办法挖坑集油，挖得的油大部分交给工头。自己剩余所得这部分，就到敦煌、高台去卖钱换粮食，留着给父母种地时吃。

这段"淘金—挖油"的经历，使王进喜对石油产生了浓厚的兴趣。他逐步认识到"石油"这"天下第一宝"比金子还金贵。他日后经常把自己"快快发展石油工业"的理想说成是"要抱个大金娃娃"，肯定和儿时形成的印象有关。

1937 年，和地质学家孙健初一起到玉门勘察找油的美国地质专家马文·韦勒见过王进喜，管他叫"黑油娃"。

血汗"鬼门关"

★ ★ ★ ★ ★

1938 年，成立了甘肃油矿筹备处，孙健初、严爽和靳锡庚三人到玉门打井勘探，于 1939 年 8 月玉门油矿进入了正式开采阶段。

就在这时，在老君庙挖过油的王进喜也来到玉门矿，求老乡梁文德具保画押，成为一名"长工"，成为一个真正的"油娃"。

那时的玉门矿，外有深沟、铁丝网和探照灯，高处有炮楼，内有驻军、宪兵、矿警大队，不法职员、工头、恶棍随意抓人打人。只有一个大门有四个通天大柱，像四个妖怪一样监视进出行人，日夜有"黑狗子"（警察）把守不准工人出入。正如民谣所说："出了嘉裕关，两眼泪不干，来到玉门矿，如进鬼门关。"

在这里，王进喜住的是石窑洞、席棚子或大马号，穿的是一张光板老羊皮，吃的是小米稀粥、黑面馍、盐水辣子菜……一个 15 岁的孩子，却要干大人的活。无论是运煤、搬石、铲沙、打土坯，都得和大人一样干，稍不注意就要挨打挨骂。

有一次修路，往山上背石头。100 来斤重的大石头，压得王进喜头晕眼花腿发颤，几趟下来就有些力不能支了。当他脚步不稳差点摔倒时，工头丁友年举起皮鞭就打。倔强的十斤娃想要抢过鞭子去打工头。丁友年急了，叫来两个矿警抬起一块大石头压在王进喜的背上，压得他腔子发热肋骨疼，但他咬紧牙关使尽全身力气顽强地站在山坡上。当晚，睡在土炕上，王进喜摸着疼痛的肋骨，想起了父亲被压大木头的情景，流下了难过的泪水。从此在幼小的心灵种下了反抗的种子，就是一句话：干活可以，打骂不行，穷人不能受人欺！

1939 年王进喜第一次领到了工资。去了交饭钱，没剩几块。师傅梁文德拿来针线，在他的老羊皮袄上缝了块补丁，叫他把钱装在里边。这点可怜的收入，他盼望着能让爸妈高兴，可带来的还是一个苦。

有一次，家里交不上门牌税，母亲挨了打，只身到矿上来找儿子。年近半百的妈妈在大戈壁上步行几十里，来到矿门口，警察横着大枪不让进。妈妈就爬过深壕坐在铁丝网下等。整整等了两天，被梁师傅发现了，王进喜才跑来隔着铁丝网和母亲相见。

母子相见如探监，伤心话儿说不完。王进喜撕开补丁把所有的纸币和铜板，全部交给母亲，哽咽着说："你千万保重身体，告诉爸爸我很壮实，不要惦记。"母亲也颤着声音说："娃呀！千万小心，可别伤了身子。"

说完，母亲艰难地爬过大壕，一步步向赤金走去。站在铁丝网里的王进喜看着母亲那被压弯了的背影，热泪横流，久久不愿离去！

➔ 钻井梦难圆

★★★★★

1942年秋，王进喜在一次修井场中，被大铁板砸伤了右腿，矿里不给治，王进喜只得回家养伤。

转年春，回矿上班，可工头却宣布他被开除了。最后顶一个叫"张达富"的空名到总务科运输队里干杂活，吃苦挨累不说，每天点名要顶别人名字，没了自己，20岁的王进喜感到是奇耻大辱，总想找工头算账，师傅们拦着不让他去，劝他要学会像大骆驼一样攒劲、忍耐，把仇恨记心间。最后，还是梁文德出面具保，王进喜才恢复了真姓名。

1947年，"油娃"24岁了，自己还一无所有。父母下狠心拿17岁的妹妹王进莲换亲给他娶了媳妇。妻子叫王兰英，是赤金西湖人。

从躲兵到老君庙淘金挖油那时起，"黑油娃"就与石油结下了不解之缘。10年来，一有机会他就往"井"和"油"上靠。老乡何振声是搞采油的，王进喜经常找他闲聊，问些采油、井口的事，学些采油知识；白杨河人陶福兴是给孙健初拉骆驼的，对勘探、钻井、井下作业都懂一些。王进喜就和他攀老乡，找他学知识。陶福兴说，你是赤金人，我是白杨河人，怎么能是老乡。王进喜说那不都是玉门人、老君庙人吗？咋不是老乡。陶福兴看他诚心就给讲油埋在深处，只有打好井，才能开采出来，非常强调"钻井"的重要。只要在一起，王进喜就问起没完，陶福兴就真的把他当老乡，认他做徒弟。

1948年开始，王进喜的主要活计是给钻井场送料。他有时赶马车，有时拉骆驼，往井场上送钻机器材、仪表或设备，每次都干得很用心。到了井场把东西卸下来，还一件一件码好。干完了，就坐在井场边上忘情地看着那高高的井架，体味钻工们咔咔咔打大钳的痛快，心醉神迷一番。

他的表现引起了司钻王登学的注意。

有一次，王进喜来到井场干完活，又在那里眼望钻塔出神。王登学过来问他是不是想上钻台上看看，他说早就想啦！王登学说，正好今天领班不在，我领你看个够！这是一部美制30型钻机，师傅领他登钻台、进机房、上泵房，看了钻井的全过程。从此，那高高的井架、飞转的转盘、轰响着的柴油机、运作中的泥浆泵在他心中留下了永不磨灭的印象。

当时，在玉门流传着一句民谣，叫"钻井的老虎炼油的狼，总务后勤是小绵羊"。王进喜在心里想，我凭什么要当个小绵羊。应当去当雄纠纠的老虎，像钻井工人、司钻、领班那样痛痛快快地干，挺直了腰杆子活！

是贫穷把他逼上了寻油路，他盼望着梦想实现的那一天！

主人勇担当

➡ 翻身得解放

✩✩✩✩✩

1949 年，人民解放军挺进大西北，毛主席亲自发出指示要"保证玉门安全"。一野三军九师的装甲部队按中央命令在一军长黄新廷带领下，一昼夜行军 550 华里，于 1949 年 9 月 25 日解放玉门。工人们兴高采烈地欢迎解放军。王进喜拉上好友师云鹏一起第一次自由地冲过了"检查站"那四根大柱的警界线，是共产党领导的解放军，把"鬼门关"变成了"解放门"，让黑油娃获得了新生。

解放后，玉门油矿实行军管。由一野三军九师政治部主任康世恩任军事总代表，焦力人等任副总代表，范元绥任钻井方面的军代表。

在军管的领导下，各项工作迅速展开，玉门油矿出现了前所未有的新面貌。王进喜感到一切全都变了样：不仅吃上了大米白面，睡上了木板床，有了被褥，发了新工服，还有人教唱歌，到处是"解放区的天是明朗的天"、"哩啦啦哩啦啦天空出彩霞"，过上了从未有过的新生活。

如果说，这一切变化使王进喜和工人们受到了教育，感动不已。那么，接着发生的事情，却使他们的心灵受到了触动，提高了思想觉悟。

1949年4月5日，炼厂工人为反抗提高银元牌价发工资，举行抗议示威，西北长官公署把欧阳义等四人关进监狱，准备枪毙。玉门解放后，解放军办的第一件事，就是由军事总代表康世恩亲自去把关押的工人接出大牢，举行大会，当作英雄接回油矿，惩办了镇压工人的张振邦等元凶。这件事大快人心，震动了玉门和兰州。王进喜从"四五事件"的处理中，看到了共产党和国民党不一样，解放军和马家军不一样。认准了共产党就是自己的救命恩人。

为了支援解放大西北，动员工人们尽快恢复油矿生产。军事总代表康世恩来到井场，和工人一起劳动，边干边唠，了解工人疾苦。钻井军代表范元绶来到工人宿舍，拿起炉子上烤得黑漆漆的馍就吃。他把王进喜等工人请到办公室，端茶倒水让座，请大家提意见。有的工人没地方住，范代表就把自己的房子让出来给工人住……这一切使王进喜看到共产党就是自己的亲人，解放军是人民的子弟兵，下决心要报共产党的恩，跟上共产党干，死也不回头。

从此，这个"报恩"思想成为他一生奋斗的思想基础，奋进的动力。

➜ 选择艰与险

★★★★★

1950年春，玉门油田招工。招工的行业有钻井、采油、炼油、土建等一线工种，还有机修、锅炉工等后勤单位。王进喜报的是钻井。

钻井整天和大井架子、大机器打交道，成天在野外露天作业，又苦又累又危险。王进喜虽已27岁，但个子不高，块头不大，身子单薄。和他一起提油水的杨海报了机修，还有几个好朋友都劝他不要报钻井。可是早就爱上钻井这一行的王进喜，一心要当"钻井的老虎"，再也不当后勤"小绵羊"，说啥也不改。他说："我最大的理想，就是当个好司钻，不达目的死都不甘心！"这样大家也就不劝了。

第一次考试，没考上，他没有灰心，第二次还要考钻井。最后，凭着他的执着、吃苦精神和出众的表现通过了考试，当上了我国第一代钻井工人。

王进喜被招收以后，军代表范元绶把他请到家里，和他促膝谈心，教育他要向敢于斗争的欧阳义、从解放区来的勤劳肯干的杨崇义、帮助过王进喜的梁文德和被称作"国际石油工人"的郭孟和学习，

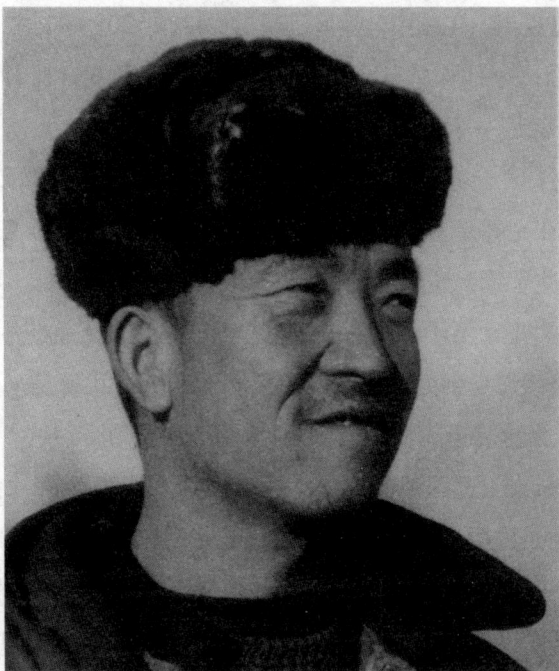

△ 50年代的钻井工人王进喜

　　又把王进喜领到郭孟和队上，让师徒二人签订了一个"包教包会合同"。从此，王进喜就在郭孟和队上当工人，在师傅教育、帮助，甚至管教下工作、学习和生活。

　　王进喜平生第一次自由选择，他选择了艰苦、困难和危险，走上了为中国石油事业艰苦奋斗一辈子的人生之路。

　　真正当上钻井工人，干上了钻井的活，王进喜才意识到，钻井的艰苦和困难远不止是在井上大干和流汗，它还有另一种更为深刻的含义。有一天，他和师傅一起用皮尺量钻杆，量完了师傅问他是多少，他又回头从这头往那头一格一格地数，惹得在场的人哈哈大笑，自己弄得羞愧难当。工作中，师傅满嘴的"421×520"、"7寸2"、"6寸半"，弄得他直发懵……他深感自己没文化简直就是一种苦，比背一天大石头都苦。难道自己就是一个出苦大力的命了！

正在这时，工会办"扫盲班"，组织工人学文化。他和好友杨海一起来到小学校，坐在亮亮堂堂的教室里学文化。不几天就学会了"工人"、"石油"、"钻井"等一些字词，还学会了一些阿拉伯数字和拼音字母。可没过几天问题就来了。在井上干活干惯了的王进喜，在教室坐久了就犯困，直打瞌睡；趴桌上写几个字浑身到处都疼。他一想，天老子造我就是来受苦的，自己命里没有不要强求，干脆溜号去看秦腔，不想再学了。

针对不少工人"逃课"的现象，扫盲班请军代表给讲社会发展史。向大家说明人类是由类人猿发展而来的，是劳动创造了人类。穷人受苦不是命里注定的，是地主资产阶级、马家军剥削压迫造成的，我们不能信天命要干革命。军代表范元绶又找他谈心，问他是怎么没文化的。他讲了6岁拉着瞎眼的父亲去要饭，没上成私塾的情况。范代表说，是地主阶级夺去了你父亲的双眼，又剥夺了你上学的权利，使你成为"瞪眼瞎"，怎么能说是天老子造的呢。不靠别人靠自己，你干活能吃苦不怕累，学文化也得能吃苦不怕累才行。

懂了这个道理，王进喜重新鼓起学文化的勇气，树立了玉门人常说的"求别人不如求自己"的信心，重返课堂，认真听课，连着参加了三期扫盲班，认识了几千个字，也学了不少钻井知识。从此，王进喜一直克服困难，认真学文化。苦学力行，坚持一生。

➡ 自觉当主人

★★★★★

从 1950 年招工到 1953 年秋，王进喜一直在老君庙钻探大队郭孟和钻井队、梁文德钻井队（皆为 30 型钻机）当钻工。这三年，无论干什么活，王进喜都把自己当成主人。

当时在一部分工人中存在着一种"长工活，慢慢磨"的思想，因此，在钻井队，一个班打几米、几十米，一个月打几百米，一年打一两口井都觉得很正常。急性子王进喜对这种懒散怠惰看不惯，对轻压慢钻不出活急得坐不住。他说，党把我们当主人，主人就不能干长工活。现在是给国家干，给自己干，咋能用对付工头资本家那一套呢？因此，王进喜总是抓紧时间积极自觉地干好工作。

1951 年 4 月，父亲王金堂因病去世。单位给了他 7 天假，补助 80 个单元券，他回到家，用 30 个单元券买了一副棺木，厚葬了父亲。他很想在家多守几天灵，也安慰一下病弱的母亲。可想到队里生产紧张，他只住了两天，就回矿上班了。

1953 年，玉门从苏联进口了几部贝乌 40 型钻机，贝乌 5 队成立。1954 年，已经成为副司钻的王进喜调到这个队当司钻。

5 队建队后，由于经验不足和其他种种原因，经常出事故，进尺打得少，被人称作"豆腐队"。不甘落后的王进喜进队以后，为队里工作上不去着急上火，到食堂吃饭都不好意思，觉得没脸见人。他下决心要把班里的工作干好，替队里分忧。一是自己带头干，事事走在前面，吃苦挨累的活自己抢在先。二是严格要求，平常互相关心帮助，有困难就解决。但上了钻台翻脸不认人，决不允许"轻压慢钻"磨洋工，谁不好好干天王老子也不行。在他带领下，全班摸索快速钻进新经验，经常创造新纪录，硬是在后进队里带出一个玉门局乃至石油部的先进班。

谈起当年王进喜当工人、当司钻的情景，师傅们有口皆碑，说他是创先争优的好工人、好司钻，体现了国家主人的风采。

➡ 入党立誓言

★★★★★

到 1955 年，钻井队已发展到 37 个。从这年开始各基队成立党支部，需要从优秀工人中培养党员和干部。王进喜的突出表现，得到群众拥护，也引起上下的注意。贝乌5队党支部研究决定由副队长王家训和机械工长田振凤当介绍人，培养王进喜入党。

王家训找王进喜谈话，征求他的想法。他说："毛主席、共产党是我的救命恩人，我早就想当个党员了。但水平不够，咋个办呢？"王家训说："入党不是小事，得有个脱胎换骨的变化。你身上优点要发扬，毛病也得好好改一改。王进喜说，我一定按党的要求办。

上级党总支书记满应科找王进喜谈话，问他对当前工作有什么意见。王进喜非常干脆地说："我就是对'长工活'有意见。就是想开大油门狠狠地打，快快地打。一看有人轻压慢钻一点点磨就着急，就生气。"书记听了这思想代表了先进工人的主流，非常高兴。嘱咐他要下决心跟党走，不管遇见什么困难也不低头，要敢于牺牲个人利益，甚至包括自己的生命也在所不辞。王进喜非常干脆地说："这我有决心，能做到。"

王进喜是个说到做到的人，在党组织培养教育下，他认真改正缺点，很快就能参加政治学习，学会做工人的思想工作，注意克服工作方法简单粗暴的毛病。党员们看见王进喜有了进步，都为他高兴。

党支部严格履行入党手续，对王进喜的家庭和个人历史进行考察，为他查实和澄清了两个问题：一是经过复核，再次查实他家是"贫农"成分。二是澄清了所谓"加入国民党问题"，经查是赤金的国民党地痞刘典治背着王进喜把他给填在花名册上，确认了"以团体形式参加过国民党，本人不知道，无任何活动及担当任何职务，予以清除"的历史结论。

"文化大革命"中，一些人不顾党纪国法，私自拆开铁人档案，翻出这些历史旧账，给王进喜扣上"地主崽子""国民党特务""大工贼"等帽子，到玉门来外调时，遭到了痛斥，家乡人民勇敢地保护了铁人。

1956年4月19日，5队党支部召开支部大会，讨论通过王进喜正式加入中国共产党，4月29日，上级党总支批准王进喜为预备党员，12月17日批准转正。

从此，王进喜成为一名工人阶级先锋战士，一名光荣的共产党员。他在入党誓词里庄严宣誓，要为党的事业奋斗终生，献出自己的一切，包括牺牲自己的生命。他在志愿书里郑重表示要"给人民给国家贡献出更大的力量，当一个人民的忠实的勤务员"，做人民的好公仆。

→ 大打翻身仗

★★★★★

王进喜入党不久，队长王德成和副队长王家训先后调大队工作，王进喜担任了队长职务。大队把富有工作经验的抗美援朝老战士孙永臣和刚从北油毕业的大学生田肇雄调到 5 队担任支书和技术员。王进喜高兴地说，三个臭皮匠，顶个诸葛亮，这下咱 5 队可要翻身了。

他和孙永臣、田肇雄商量后，动员全队说："咱们要全搭台子，全唱戏，人人努力，个个争先，打他一个翻身仗！"

王进喜明白，要想打赢这一仗，首先自己得豁出命来干。他到王化兰钻井队去取经。王化兰说："当队长首先得知道自己应当站在哪儿，要站在钻台上，站在群众中，永远不脱离劳动。"从此，王进喜按师傅要求，把自己"钉"在钻台上，扎根在群众中。他一改过去那种坐等条件的做法，没有井位就去要，出了问题到处找，不给解决就不走；经常跑材料库，缺的东西及时领，有的要备上双份、三份；连维修设备也要领上工人到大修厂告诉人家哪里有毛病，和人家一起干，派人盯在那里，修完了拉起就回队，不耽误进尺……上上下下都说这个新队长是个"难缠的角色"，形成一种冲击力，冲击了"慢慢磨"的思想和机关里四平八稳的老作风。

1956 年 5 月，5 队被调到三角湾打井。这里地下情况复杂，容易出事故。王进喜觉得这正是锻炼队伍

△ 入党之后，王进喜当了队长。这是他（右）和入党介绍人王家训（左二）等一起在井场上合影

的好机会，第一口井 715 井开钻前，他和技术员领上骨干到兄弟队学习成功经验，针对这口井地下情况制订出管好设备和泥浆、24 小时干部带班等四项保证措施，开钻以后，打得很顺利。但到 5 月 19 日，打穿高压层，要发生井喷，由于事先有防范，干部现场指挥，各岗位分头行动，很快就压住了井喷，没酿成大事故，也没耽误时间。这口井的胜利完钻，特别是制止了一场可能发生的大事故，大大鼓舞了全队士气。工人们看到井是可以打快打好的，事故是可以避免的，越打越顺，连创了好几个新纪录。

1956 年 11 月打完 765 井，上级决定在附近 13 米的地方再打一口井。如果按钻井规程是放倒井架，一件一件地拆搬，不仅动用人力物力，还得浪费六七天的宝贵时间。王进喜就发动工人想办法，出主意，制订一个"整拖"方案，报上级批准，最后用 12 台大拖机，把整个钻台、井架一次性搬到了新井位，前后只用了 10 分钟。这次"整拖搬家"轰动了钻井战线，是一项首创，标志着一项新工艺的诞生，在以后的白杨河大战和大庆石油大会战中发挥了重要作用。

在上级支持和队党支部领导下，经过全队努力，1956 年，贝乌 5 队打井十几口，进尺上万米，提前超额完成了任务，彻底摘掉了"豆腐队"的帽子，进入了先进队的行列，实现队长王进喜"打他个翻身仗"的愿望。

1957 年，贝乌 5 队在材料奇缺的情况下，靠修旧利废、勤俭节约坚持打井，到年底打井总进尺 6776 米，创造了本队历史第二好成绩，石油部长李聚奎表扬他们"没有晒钻杆"。

→ 标杆立祁连

★★★★★

　　1958年，为了解决钻井技术落后，速度慢制约石油工业发展这个问题，石油部在玉门和新疆之间组织以"高速优质钻井"为中心的劳动竞赛。玉门石油局组织一批先进队"会战白杨河"（白杨河是一个新发现的油田）。以著名的标杆队贝乌4队（队长景春海）为龙头和新疆的1237钻井队（即著名的1202队，队长张云清）展开对手赛。

　　5月上旬的一天，在干油泉打井的王进喜从一份报纸上得知，新疆的张云清3月份打井1277米，把玉门景春海创下的纪录给打破了，压了玉门一头，这一下王进喜来了火，他说："张云清也是咱们玉门出去的，人是一样的人，钻机是一样的钻机，为啥叫人家压着打。咱5队要树雄心立壮志,和他干！"

　　在一次大队调度会上，队长王进喜提出要上白杨河。大队长王嘉善不同意，他在调度会上和大队长吵了起来。吵也不行，他一气之下又去找局长。局长焦力人说得研究一下。王进喜说："这明摆着该办的事研究什么！"又和局长吵了起来。局长没办法，去向书记汇报，书记刘长亮说："群众积极性要保护，这样嗷嗷叫的好队长要支持，给他搬！"经过这样一吵一闹，贝乌5队于7月5日搬上了白杨河，参加到大战的行列。

1958年7月，上任不到半年的石油部长余秋里到玉门开现场会。听了王进喜大闹调度会，争上白杨河的故事非常高兴，特意到刚搬来的5队井场，见了王进喜说："你这名字好，好好干，给咱石油部进点喜嘛！"他对在场的领导说："这个半路杀出的程咬金，堪当大任，要全力支持他！"

贝乌5队搬上白杨河，就摆在贝乌4队旁边，隔道相望。完全是一种摞着打、对着干的架势。王进喜在心里想，这一回我近学景春海，远学张云清，有一天一定要超过你们。脑瓜里预谋一个"日上千，年上万，祁连山上立标杆"的宏伟计划。他的想法得到党支部书记郭兴和的全力支持，召开全队大会讨论，最后确定了"日上千，年上万，祁连山上立标杆"的计划。后来为迎接石油部克拉玛依现场会，又提出"月上五千"的奋斗目标。有人说要上五千米，就等于往祁连山上冲，要想冲上主峰那也太困难、太危险了。王进喜说："你们说对了，就是要往祁连山上冲，这像打仗一样，总是有人打冲锋，我们不冲叫谁冲。慢打出慢打的经验，只有快打才能出快打的经验。做先人没做过的事情，就得要大胆地闯，猛劲地冲，不上五千不罢休。"

最后全队统一认识，经过反复研究，制订了具体可行的计划上报公司和玉门局。几个有文化的工人还琢磨出一句口号，叫作"月上五千米，钻透祁连山。快马加鞭进军吐鲁番，定把标杆立天山！"

为了上五千，王进喜和郭兴和商量好，自己上井抓生产，让支书在队里坐镇，管好队伍思想和后勤工作。定下以后，他回家告别了老母，安排了家事，一下子搬上行李直接住到井上，采取24小时"全天滚"的办法来组织生产。大到人员思想、地下情况、打井方案、泥浆配制、钻头使用，小到钻杆摆放、丝扣抹油……全都管上；对内要组织生产，对外要联系领料、要水、向上级汇报，全天都围着钻台连轴转，饿了吃口工人们从食堂带来的饭，困得不行了就盖上老羊皮睡一会儿，得哪儿睡哪儿。秦腔也不看了，犯了瘾就到井场边吼几声。有一天，局长焦力人到井场检查工作，看见王进喜躺在摆好的钻杆上枕着牙轮钻头睡得正香，感动得掉了泪，听工人说秦腔也不看了，局长说等你们上了五千，我请王队长和大家连看三天。临走时嘱咐队干部和工人一定要照顾好队长的健康和安全。

干部的行动就是无声的号召。为了上五千，全队工人学队长的样子，也都一颗心扑在井上，按岗位分工日夜不停地干。队长规定不准工人"全天滚"连轴转，工人们不听，还贴大字报说"队里剥夺工人劳动的权利"。当时钻井技术落后，原因之一是一些规章制度不合理，一些洋框、旧框束缚了人们的思想，王进喜找领导提建议，缩短了"钻井周期"，还在实践中摸索快打的办法，打破了不准提高转速、不准并车起钻、不准加压、不准双泵齐开等陈规旧习，总结出一套高速优质的成功经验。

最后在玉门全局大力支持帮助下，经过王进喜和全队工人的艰苦努力，于9月30日全月累计进尺5009米，实现了月上五千的宏伟目标。超过了贝乌4队，也超过了新疆的张云清队。到年底累计进尺过20000米，比1956年翻了一倍。

《人民日报》刊发新华社发布的消息："玉门王进喜钻井队9月份进尺5009米，创世界少有的纪录。"

1958年10月在新疆克拉玛依现场会上，王进喜介绍了经验，石油部部长余秋里、副部长康世恩一起把一面"钻井卫星"大旗发给王进喜，命名贝乌5队为"钢铁钻井队"，王进喜被誉为"钻井闯将"。在新疆的竞赛对手张云清则说他是一个"半路杀出的黑马"，太厉害。

多少年以后，余秋里在评价1958年的王进喜时说，那时我国钻井技术还比较落后。王进喜不安于现状，不拘于常规，奋发思变，带领他的钻井队创造了月上5000的最高纪录，带动了全国石油工业的发展。

→ 泪洒京沙滩

★★★★★

1959年，玉门钻井生产继续大发展。贝乌5队也实现了"开门红"。1月到7月，月月超额完成钻井计划。而8月份提前16天就完成了任务。

甘肃省劳模会在兰州召开。玉门代表9月下旬陆续赴省城。王进喜本人是省劳模，又是"钢铁钻井队"的代表，在这次劳模会上，王进喜被推举为十年大庆国庆观礼代表，又是出席全国工交"群英会"的代表。大家都说，这回"钻井闯将"王进喜是功成名就了，该歇歇脚了。可他没有，反而把一副

△ 1959年，王进喜进京参加"十年大庆"国庆观礼。这是他和王崇伦在交谈

更重的担子挑上了自己的肩头。

10月1日，庆祝建国十周年大典在天安们广场隆重举行。王进喜在观礼台上参加庆典，见到了日思夜想的救命恩人、伟大领袖毛主席。

10月24日，全国工业、交通运输、基本建设、财贸战线社会主义建设先进集体和先进生产者代表大会在北京隆重开幕。王进喜坐在繁星点点、灯火辉煌的大会堂里，听了朱德副主席代表党中央致的祝词，李富春副总理做的报告和薄一波、李先念等领导的讲话，心情万分激动，受到巨大的教育和鼓舞。

一天下午休会，王进喜和几位代表参观完故宫，从神武门出来去王府井，沿五四大街走到北大红楼附近一个叫沙滩的地方，王进喜突然发现街上的公共汽

车上都背了一个大包袱。他问身旁一位代表："那背的是啥？"

"煤气包！"那位代表回答。

"背那家伙干啥？"王进喜又问。

"里边装的是煤气，用来烧的嘛！"

"那为啥不烧呢？"

"没有油嘛！"

王进喜再也不问了。他的头嗡的一下大了起来。无力地走到路边蹲了下来。他猛然醒悟到，自己天天在玉门，天天离不开油，感觉油已经很多了。可到外边一看却少得可怜，连首都北京——党中央所在地、毛主席住的地方都没油用了，汽车背上了煤气包，自己还有什么脸问，还有什么脸开大会、受表扬，难过之极，两行热泪流了下来。他用抚剃把的大手去擦，擦也止不住，他就不擦了，任由它往下流，索性痛痛快快地哭了一场。

回到宾馆以后，王进喜沉默了，变得心事重重。他暗暗下决心，就是豁上性命也要多打井，多采油，尽快把这个"煤气包"拿掉，让首都人民有油用，全国人民有油用，让党中央、毛主席放心。从此这个"煤气包"一直压在王进喜的心头，成为他的一块心病。拿掉这个"煤气包"成为他后半生的思想动力！

北京街头"煤气包"很多人见过，并没有觉得是什么大事。可我们的王进喜看了却觉得那是自己的耻辱，自己的责任，一个西北硬汉、钢铁男儿，难过得在北大红楼附近流下了一掬英雄泪。这是工人阶级责任感的集中反映，这是中华民族优秀子孙——赤金之子忧患意识的猛醒。从这一刻开始，王进喜把自己只有十年工龄的身家性命和刚过十年大庆的国家命运、民族命运紧紧地联系在一起，下决心要拿掉"煤气包"，甩掉"贫油落后"帽子，将以此为动力，闯向新战场！

会战当先锋

→ 大战唤英雄

★★★★★

1959 年 9 月 26 日，位于松辽平原大同镇高台子的松基三井喷出了工业油流，我国发现了大庆油田。这东北大地上的一声春雷，让我们看到了中国石油工业的新曙光。

我国人民一直在为甩掉"贫油落后"帽子而奋斗。大庆油田的发现正逢其时。为了早日拿下和开发这个大油田，解国家缺油的燃眉之急，石油部党组抓住战机，决定采取毛主席"集中优势兵力打歼灭战"的方法，集中全国石油系统人力、物力、财力组织大庆石油大会战，并很快得到党中央的批准。

这场夺油大战，是在困难的形势、困难的时候、困难的地方打响的。国际上有大国封卡，国内又赶上"三年自然灾害"的困难时期，而油田所在地"青天一顶，荒原一片"，到处是沼泽、盐碱滩，人烟稀少，交通不便，生产生活都极其艰苦。因此，所有参战人员必须做出勇于献身甚至牺牲一切的准备。

大战呼唤英雄。部队出身的会战工委书记余秋里、会战指挥部指挥康世恩、副指挥张文彬、焦力人等，都希望所有参战将士能保持战争时期那么一股劲，勇往直前往上冲；他们更希望看到能有一位"会战先锋"，像打碉堡那样喊着"跟我上，冲啊！"的连长带头冲上去，战胜一切困难而不被困难所压倒！

1960 年 3 月 3 日，大会战第一次筹备会议结束以后，全国 37 个厂、矿、企业、院校的工人、干部、科技人员从祖国四面八方赶奔大庆来参战。在这些精兵强将中，有玉门的王进喜、景春海、孙德福、薛国邦，有新疆的张云清、孙雨廷，有四川的段兴枝……他们谁将成为"会战先锋"，这要靠艰苦困难的考验和会战实践的选择！

➡ 创造条件上

★★★★★

1960 年 3 月 25 日，王进喜带领 1205 钻井队（即贝乌 5 队，当时称作 1262 队）来到萨尔图火车站。

他下了火车一不问吃，二不问住，见了负责接待的总务科长朱开茂就问："我们队的钻机到了没有？井位在哪里？这里的最高纪录是多少？"表现出"恨不得一拳头就砸出一口井来"的急切心情。

在萨尔图一个大车店住一宿以后，5队全体搭乘一台解放牌卡车，来到马家窑，找到了用一个木桩做标志的萨55井井位。马家窑虽然只有十几户人家，但热情地接待了这些远道而来的壮汉子，生产队杜队长把王进喜和孙永臣安排在赵大娘家里，把年纪较大、身体弱些的工人安排在一些老乡家里，大部分人住在马棚、豆腐房、碾房里。安顿下以后，王进喜立即分派工作，有清理井场，挖泥装池做钻前准备的，有到东站找钻机的，有到附近井队去学习的，还有帮老乡干农活的……全队投入了新的紧张的战斗。

1960年3月31日，萨中指挥部召开大会，动员大家"迎接大会战，打响第一炮。高速度高水平拿下大油田"。已是萨中指挥部党委委员的王进喜在大会上提出开展劳动竞赛的倡议，决心要和景春海、孙德福、张云清钻井队比一比，看谁打得快，打得好。他对大家说："眼下青天一顶，荒原一片，要说困难也真不少。我们队的'小仓库'现在也没有了。但没有了也要上，有也上，无也上，脱了裤子也要上。我们队一定三天半上千，五天打完一口井，迎接大会战鸣炮开工！"

从此，"有也上，无也上，脱了裤子也要上"，或者"有也上，无也上，天大困难也要上"，不仅成为王进喜动员工人大干快上的口号，还成为一种指导思想，一种行为准则，来指导自己和全队的行动。

大会战的最高指挥官余秋里也有"有也上，无也上"的想法，常爱说"有条件要上，没有条件也要上"，在汇报中听说先被一个钻井队长喊了出来，大加赞扬，他也就喊得更响。来会战的石油部副部长孙敬文觉得这第二句不大科学，就提出建议，修改完善为"有条件要上，没有条件创造条件也要上"。萨中指挥部指挥、1205队工作组组长宋振明把这个精神传达给王进喜，王进喜以后就改为"有条件要上，没有条件创造条件也要上！"不过在着急时，仍简化为"有也上，无也上，创造条件也要上！"虽然简单化些，但大家也觉得挺科学。

王进喜一生中有许多口头禅和名言，这句"有条件要上，没有条件创造条件也要上"是他在那会战伊始的最艰苦的时刻创造出的第一句名言。建国五十周年时，被各大新闻媒体，把它和选自《易经》的"天行健，君子以自强不息"、孙中山的"驱除鞑虏"、毛泽东的"枪杆子里边出政权"、邓小平的"发展是硬道理"一起，作为中华民族百句名言发表。这说明王进喜的话已经记入中华民族思想宝库。

➔ 血肉筑长城

★★★★★

1960年3月31日清晨，1205的钻机终于到了。他们使用的这部贝乌40型钻机，井架高近40米，总重60多吨。在玉门搬家时要有2部大吊车、

△ 王进喜带领全队工人用"人拉肩扛"的办法安装钻机

3台拖拉机、10部大型拖车，这些条件不具备，井队可以拒绝搬家。可是现在是在新区，是来大会战，除了能给5部汽车，其他条件暂时还不具备。面对这种情况怎么办？王进喜集合全队，当众问参加过抗美援朝打过仗的支书孙永臣："这种情况，要在战场上应当怎么办？"孙永臣说："战场上打碉堡，只能进不能退，只能上不能等。豁出命来也要往上冲！"王进喜接过话头说："对了。大会战也像打仗一样，只能上，不能退；只能干，不能等。没有吊车，我们37个人就是37部吊车，汽车不够，我们有手有脚有胛子（肩膀），蚂蚁搬山也要搬。我们就是要靠自己的力量卸车、搬运、安装，早就位，早开钻。你们说行不行？"

"行!"全队齐声回答。

"好。还是那句话,有也上,没也上,天大困难创造条件也要上!"队长说完,甩掉老羊皮袄,在地上抄起一根撬杠,喊一声"跟我上",就跳上了槽子车,打开了大厢板……

工人们也抄起家伙一个一个地跟着跃上了火车。

一场人与钢铁的较量、力量与困难的搏斗就这样开始了!

吃午饭的时候,王进喜和孙永臣商量召开一个骨干会。支委张永发、技术员郭继贤、大班司机孙秉科、司钻周正荣、戴祝文、丁国堂、马万福拿着窝头,端着冻白菜粥集拢到队长周围碰头开会。谈完情况,王进喜对大家说,现在工人们干得很有劲,我们这些人一定要多吃苦,带好头。同时要做好思想工作,多关心大家。对下一步怎么干,王进喜提出了"五条要求":一是汽车先搬大件,那些人能抬得动的小件要先放一放,最后不行了就用人来搬运;二是要粗中有细,既要使足劲大刀阔斧叮叮当当地干,又要细心地保护设备配件的安全,特别是那些精密的仪表、泵、链条、凡尔,易损的部件、怕碰的部位一定要保护好,保证无损坏,搬过去安装好了就能开钻;第三,井场那边要规划好,搬过去不要乱扔乱放,免得安装时费二遍劲。王进喜说:"郭继贤你要到井场上给我专门负责这件事。你要多动脑想问题,不搬不抬也可以。"第四条,王进喜说不要光闷头干,要吼叫,喊号子,吼出个精神面貌来。他对郭继贤、孙秉科说,你们有文化的人要给大家编点新词,咱们要吼出个水平来。听了这条要求,大家想起 1958 年王进喜看报纸引起争上白杨河的事情,在心里说王队长可真行,是个领兵打仗的料。最后一条是讲安全。王进喜满怀深情地对司钻们说:"同志们呀!现在是任务艰巨,形势急迫,天冷、活重又吃不饱,这些大铁疙瘩哪个都成百上千近万斤重,磕碰一下可不得了。我们千万千万千千万万要注意人身安全，保护大家健康。工人都是二十几岁的年轻娃子，跟着我们来会战，有的爹妈都不知道，若是碰着伤着可怎么交代呀！大家一定要注意安全，一个小指头也不能伤着。"

这时，那些刚吃完饭的工人们都围过来听队长讲话，骨干会已经变成了职工大会。听到队长讲安全，对工人充满了一片慈爱之情，他们深受感动，心里暖洋洋的。

这次"午餐动员会"，讲了方法，又提了要求，大大地鼓舞了全队的士气。下午工人们干得更欢了，硬是靠撬杠撬、大绳拉、滚杠滚、枕木垫的办法，把柴油机、转盘、发电机等等大件从火车上卸下来装到汽车上，一样样运走。7.5吨的泥浆泵太重，解放车拉不了，聪明的工人们就把能拆卸的部件都拆下来，让它"减肥"到5吨重。怕人力卸砸坏汽车，工作组员咸雪峰去铁路联系，用铁路线上的小塔吊帮忙给装到汽车上运走。

夜幕降临，火车站上点起一堆堆篝火，1205队工人挑灯夜战，继续卸车。在熊熊火光中，到处是忙碌的身影，到处是人和钢铁搏斗的场面。号子声响彻夜空，工人们粗犷的说笑声此起彼伏，整个小站是一派大战的热烈景象。

就是靠这种"人拉肩扛"，王进喜和1205队的工人们苦战三天三夜，把60多吨设备运到井场，搭起钻台，安好了钻机，于1960年4月6日凌晨，在柴油机轰鸣声中，把巨大的井架立了起来。当一轮红日升起在东方时，它矗立荒原，直指蓝天。马家窑的乡亲们第一次看到躺在地上的一架铁桥，立时变为一座巍峨挺立的铁塔，称赞"你们工人有力量"！

是呀，这是王进喜和5队工人用血肉之躯同钢铁搏斗的结果，是意志、力量、决心的胜利。

国歌歌词中说："用我们的血肉筑起我们新的长城。"王进喜和他的战友们就是用自己的血肉之躯在修筑我国石油工业发展的长城，把"人拉肩扛"

变为一种精神，这是大庆精神最初的萌芽！

在"人拉肩扛"中，王进喜说："不要干哑巴活，要吼叫，要吼出个精神面貌来，吼出个水平来！"他和几个司钻轮流喊号子，一人吼，全队应，整个工地人吼马叫汽车响，声震寰宇，气吞山河。和大家一起劳动的萨中指挥部指挥、驻05队工作组组长宋振明根据他们喊的内容，帮助整理成一首诗写在05队的黑板上：

> 石油工人一声吼，
>
> 地球也要抖三抖。
>
> 石油工人干劲大，
>
> 天大的困难也不怕！

这首"铁人诗"反映了中华民族自强不息、艰苦奋斗的民族精神，唱响了大庆精神的最强音，得到毛泽东主席的称赞。

→ 党委树铁人

★★★★★

开天辟地第一回，小屯来了找油人。马家窑

的乡亲们像当年迎接土改工作队那样迎接 1205 钻井队。杜队长把王进喜、孙书记安排在赵大娘家，她感到是自己的荣耀，因此对王进喜和住她家的干部、工人格外用心。在 1960 年那样困难的条件下尽力把他们照顾好。她做好的饭菜，备下炒好的瓜子、黄豆、苞米花，王队长没来吃过；她烧了洗脚水，王队长没回来用过。她把平时舍不得吃的白面拿出来，叫儿媳去买来醋，做了西北人爱吃的面和醋三色辣子，叫小孙子领着来到井上找王队长，她看到王队长正领工人们往钻台上拉绞车，喊他也听不见，她只好领着孙子回了家。

晚上赵大娘睡不着，就和回来睡觉的张志贤唠嗑，对他说："我活了大半辈子，除了那些打鬼子打土匪把脑袋别在裤腰上的人外，没见过这么拼命的人。你们的王队长可真是个'铁人'哪！"

铁人，是人民给予一个优秀钻井队长的封号。

赵大娘管王队长叫'铁人'，事情立即反映到工作组。工作组员李光明和李玉生一起到萨中指挥部汇报。党委书记兼指挥宋振明听完了果断地说："大娘叫得好，王进喜当之无愧！我们要立即向上级汇报！"

这场大会战由石油部党组亲临前线直接指挥。部党组书记、部长余秋里带着副手康世恩、唐克、吴星峰和部机关的大批干部住在离油田最近的安达县财政局一幢小楼里，白天下现场，晚上学习研究，来解决关系大会战成败的一些重大问题。在基本上明确了大庆是个大油田、好油田，走社会主义工业化道路，学习"两论"，用毛泽东思想组织全部工作等等这些问题之后，还有个重大问题就是如何在会战实践中加强政治思想工作，建设一支拖不垮、打不烂的过得硬的职工队伍。

余秋里心里清楚，大会战面临的困难不是一般的困难，需要全体职工保持战争时期那种不怕苦、不怕死，不为名、不为利，一心为会战，一心为国家，敢于舍命往上冲的精神。培养这种精神更需要有好的典型带头。一个好典型比领导做 100 次报告都管用。他看到一个多月来，会战队伍主流是好的，但也存在不少问题，有的干部一下火车不问任务，不管队伍，先打听中灶在哪里，有没有宾馆住。有的井队遇见困难不是想办法克服，而是坐等条件，等吃等住等吊车等拖拉机等材料等钻头等专业队配合……竟有 18 个"等"。他十分渴望有一个典型能够用行动、用事实来回答"在困难面前应当怎么办"，这是个既老生常谈又是大会战中极其尖锐的新问题。

正在他苦苦思索和寻觅的时候，萨中指挥部来汇报被乡亲叫作"铁人"王进喜的事迹。

他听完汇报，感动不已，当即认定这个铁人王进喜就是他要找的那个"会战先锋"，马上决定召集在家的领导成员，研究树立大庆会战的第一个典型的问题。人们来齐以后，他激动地对大家说，和平建设中可能没有拼刺刀，但不能没有拼刺刀的精神。有了王进喜那股"有也上，无也上，天大困难也要上"的狠劲猛劲，不愁会战打不上去。王进喜代表大会战的方向，铁人就是我们的旗帜。我看可以下决心，大会战的第一个英雄就树他，名号就借用赵大娘形象而生动的语言叫他"王铁人"。第一次技术座谈会加个内容：号召全体参战职工学习王铁人。

1960 年 4 月 9 日至 11 日，油田第一次技术座谈

△ 王进喜迎着篝火在看《毛泽东选集》，学习"两论"

会在安达铁路一个大会议室召开。特意通知王进喜一定要参加这个会。最后一天，座谈会扩大到 500 多人，由余部长做总结。他讲完了形势讲任务，提出了大会战的目标，就是要高速度、高水平地拿下大油田。讲到怎样完成任务时，他把王进喜叫起来，指着他说："这就是王进喜，大会战中的第一个英雄。"在郑重地介绍了铁人的生动感人的事迹之后，他又说："房东大娘管他叫'铁人'，这是一个非常光荣的称号。因此，会战指挥部号召参战的全体职工都要向铁人王进喜同志学习，学习他的高度阶级觉悟和共产主义风格。"讲到这儿，余部长举起单臂带头高呼："向王铁人学习！向王铁人致敬！"全场都站起来跟着部长高呼！

4月13日创刊的《战报》，第一期刊登了学"两论"的决定，第二期就登了"人人学铁人，人人做铁人"的号召。

从此，一个"人人学铁人，人人做铁人，为会战立功"的群众运动在油田上开展起来，一直延续到今天，已经有半个多世纪。

➡ "两论"指航向

★★★★★

4月6日，井架竖起以后，队长王进喜把工作抓得更紧。他要求大家必须和前几天"人拉肩扛"一样地大干、苦干，一定要抢时间早开钻，实现"三天半上千，五天打完一口井"的目标，创出一个高纪录。

在天寒地冻、吃不饱的情况下，1205队一个苦战接一个苦战，几乎全队都累得伤手伤肩精疲力尽。有少数工人有点吃不住劲，开始情绪低落。就在少数人产生感情波动的时候，又发生了几个人挖泥浆池时挖出的"狼毒根"中毒事件。虽然抢救及时，没出大事，却闹得队里一时人心惶惶。

正在这时，第一次技术座谈会结束，会战党委做出了学习"两论"的决定，号召会战职工，结合实际学"两论"。1205队党支部也在工作组和来队实习大学生的帮助下，建队以来第一次开始有组织地学习毛主席著作。

在学习中，王进喜把"领料单"、群众来信拿出来当"课本"，在大学生们帮助下，一边学文化一边学"两论"。同时还和孙永臣以及大学生们一起研究，指导全队的学习。

在讨论"什么是主要矛盾"时，有人说是"定量低，吃不饱"；有人说是"生产缺这少那，辅助工作跟不上，耽误事；有人说是老家闹灾，工资太低，没法解决家里困难；一位工人甚至认为主要是王队长抓得太紧、太死，喘不过气来。他说："既然条件不充分，干吗不等一等，非把自己搞得那么紧张干啥？"

王进喜对大家说，同志们说的也是事实，也是矛盾，但那不是主要矛盾。从全局说主要矛盾是国家缺油。千矛盾，万矛盾，国家缺油是最主要的矛盾；这困难，那困难，社会主义需要油，而油不够用是最大的困难。大油田就在脚下，我们不怕苦，不怕累，再努把力，把油田拿下来，把油采出来，国家有油用，困难解决了，我们的困难也就好解决了。针对那位工人说我们为什么不停下来等一等。王进喜说，有的同志提出这个问题，都怪我没跟你们讲清楚。我们从玉门来时在北京看到公共汽车上背的煤气包，讲了各行各业、特别是解放军缺油的情况，叫人心疼，叫人着急呀。我们所以要"有也上，无也上，创造条件上"，不就是为了给国家解决这个缺油的矛盾吗？我想，你知道了情况，明白了这个道理也就坐不住了。

△ 王进喜（左四）和工人们一起破冰取水，用"盆端桶担"的办法，保证提前开了钻

通过学"两论"，大家明确了"主要矛盾"和"矛盾的主要方面"，树立了"实践第一"的思想，有了忧患意识和紧迫感，统一了思想，振奋了精神。党支部在工作组帮助下，加强了思想工作，上级还帮助解决了一些实际困难，全队又出现了团结一致、精神饱满的新面貌。

各项准备工作抓得更紧，速度更快。王进喜和技术员郭继贤在抓紧技术交底的同时，还领部分人到附近打井的队去学习经验，了解地质情况，工人们对怎样在新区打好井有了底数。一切就绪，就等着开钻了。

开钻，需要水！打一口井至少得备足 50~60 吨水，才敢开钻。

可是马家窑这里管线还没接通，去要罐车得排队

等几天。没有水，和没有吊车拖拉机一样，成为5队前进又一道障碍。

怎么办? 王进喜召集开诸葛亮会，钻工许万明说:"活人不能叫尿憋死! 咱们用脸盆端水也要抢时间早开钻。"这时有人说你看哪个国家用脸盆端水打井。王进喜接上说 :"就是我们国家。大会战情况特殊，时间紧迫，就是尿尿也要开钻，我们每个人憋泡尿，也要冲它十几米，还是那句话，这像打仗一样，只能上，不能等，创造条件也要上!"

于是，全队动起来。大家找脸盆，借水桶、扁担，很快就把屯子里的井和自己打的水井掏干。这时，杜队长说西边有个大水泡子，可以上那儿取水。工人们来到 2 里以外的水泡子上，凿穿冰层，破冰取水。附近各屯的老乡也纷纷赶来支援。工作组向机关求援，指挥部机关干部们也挑担提桶参加到运水的行列。有的人没工具，就用镐刨起大冰块，扛到井场。刹那间有100 多人组成了一支运水大军，一盆盆、一桶桶、一担担……一条浩浩荡荡的运水长龙在大草原上来来往往，川流不息。

在"盆端桶担"的同时，工人们还采取了多项措施运水。一天一夜整整端了50 多吨水，足够开钻用了。

"尿尿也要开钻! "话是粗些，但它却表达了铁人和工人们"创造条件上"的决心，表现了会战将士"只能上，不能等"的自觉性和紧迫感。同"人拉肩扛"一样是大庆精神的原始内涵!

➔ "铁人一口井"

★★★★★

千百年来，马家窑的田野上第一次响起钻机声。英雄 5 队的铁臂第一次向松辽大地深处掘进。

1960 年 4 月 14 日，1205 队到大庆打的第一口井——萨 55 井开钻。

开钻时，萨中指挥部在井场上举行了一个简单的仪式。指挥宋振明带着各队代表前来祝贺，号召向铁人学习。一些队还派来观察员学习经验，也搞情报；马家窑乡亲们送来了绿豆汤和开水，孩子们则前来看热闹。

铁人知道这是到新区打的第一口井，地质条件和玉门完全不同，地上地下情况都不熟悉。他要求工人们要把眼睛瞪得大大的盯住看紧。时刻准备战胜新困难，解决新问题。他自己又像前几天"人拉肩扛"和 1958 年"标杆立祁连"时一样，住在井上"全天滚"，日夜围着钻台转，随时解决各种实际问题。饿了就吃口工人带来的干粮，困了就裹上老羊皮袄躺在泥浆槽子里或者钻杆排上枕个钻头睡一会儿。

赵大娘始终没让王队长吃上一顿热乎饭，总是于心不安。她再次做好饭菜叫孙子领着来到井场，当她看到王进喜身裹老羊皮袄，头枕一个钻头，躺在泥浆槽子里睡得正香时，这位慈爱的母亲眼睛湿润了。对着王进喜再一次说："进喜呀，说你是铁人，你可真就是个铁人呀！" 1202 队派驻 05 队的"观察员"、司钻张石林，主要任务是"搞情报"，可他被铁人感化了。当他看见王进喜睡在泥浆槽子里时，眼睛潮了，心也有些发颤。他说："有这样的好队长，咋能不早开钻，多打井，创出高纪录呢? 回队讲给大家，全队个个受感动！"

在队长的带动下，全队工人都自觉从严，积极工作。当班的坚守岗位，休班的"瞪大眼睛看着井上"，随时随地解决了一个又一个难题，保证一口井打得又快又好。

1960 年 4 月 19 日上午萨 55 井胜利完钻，只用五天零四小时打完了第一口井，实现了"三天上千,五天完钻"的目标，创造了当时最高的纪录。

经过电测、下套管、固井、射孔、安装采油树、接油管，到 4 月 28 日萨 55 井正式喷油。这一天，上级领导、附近井队的工人代表都来参加，周围几个屯子的乡亲也都来看热闹。井场上人山人海，欢歌笑语，当黑色的油柱像黑龙一样腾空而起时，整个井场欢声雷动。喜欢打闹的工人们把滚烫的原油相互抹在脸上，然后搂抱着又跳又笑……一位老乡问这油能不能点灯、开拖拉机，工人们回答："能，能！加工炼制一下干啥都行啦！"老乡们高兴地说："那好，那好哇！"

铁人王进喜看到这欢乐的情景，两眼迸出了泪花。他说："恨不得一拳头砸出一口井来。"如今，这个愿望终于实现了。这一拳，工人用了多少力，领导用了多少力，自己用了多少力，他心里最清楚！

如今，人们把萨 55 井称作"铁人一口井"。它已经成为爱国主义教育基地，是大庆地区第一个被列入《国家名胜词典》的景点。

　　这口"铁人井"，是物质，是财富。几十年来已为国家生产原油 30 多万吨，至今还保持着自喷开采，创造了奇迹！

　　这口"铁人井"，是思想，是精神。在这口井上，王进喜和 1205 队的工人们，在劳动"实践"中体现出抓住主要矛盾，让祖国石油工业"脱贫致富"的思想，创造了"有也上，无也上，创造条件也要上"的理论，把一种极为普通又不寻常的劳动行为——"人拉肩扛""端水打井"变成为一种精神！这在我国石油工业发展史上创造了一项前所未有的新纪录！

➜ 一诺重千金

★★★★★

　　1960 年 4 月 29 日，在萨尔图火车站北边两华里的一片草原上召开"五一万人誓师大会"。动员四万将士学"两论"，做铁人，战胜重重困难，完成各项任务，高速度高水平地拿下大油田。

这天凌晨，王进喜在萨55井的井场指挥搬家。可没想到的是背后钻杆垛滚了堆，一根飞快滚动的钻杆把他右腿砸伤，当时就昏了过去。醒过来以后，他叫工人把他的衬衣撕下一块包扎好伤口，然后对大家说："现在正是打井拿油的要命时刻，咱规定一条纪律，我受伤谁也不准向外讲，特别是对上级要绝对保密，谁说了我就处分谁。"他镇定自若，指挥大家放完井架，领上一部分工人去参加万人大会。他怕被人发现，用肥裤腿把右腿盖住，像好人一样走动。伤腿一阵一阵钻心地疼，他咬紧牙关挺住，一点马脚也不露。

上午10时整，大会在震撼山河的礼炮声和雄壮的《社会主义好》军乐声中开始。

这时以红旗和锣鼓队为先导，17个一级红旗单位、14个先进集体和223名红旗手的代表步入会场。铁人王进喜披双红，戴大花，骑在一匹枣红色的高头大马上，由探区领导牵马引镫，从松枝搭成的"英雄门"进入了会场。刹那间"向铁人王进喜同志学习"、"向铁人王进喜同志致敬"、"人人学铁人"、"人人做铁人"的口号声响彻云霄，高昂的锣鼓唢呐声，震天动地。

铁人王进喜在乐队簇拥下绕场一周，接受万人的欢呼和庆贺。

最后王进喜作为主席团成员被请上主席台，坐在余部长和康部长中间。

大会首先由余秋里部长做大会战的动员报告。这位人民解放军身经百战的将军，总结了备战阶段所取得的成绩，阐述了油田大好形势，提出了会战的任务和要求，还特别强调地讲了"学铁人，做铁人"的重大意义。他用极为简练的语言讲述了铁人王进喜的事迹，之后，面对全场大声说："我们就是要学习他这种艰苦奋斗的大无畏精神，学习他绝不被困难压倒而一定要压倒一切困难的英雄气概！"他举起单臂，有力地高呼："向铁人王进喜学习！""向铁人王进喜致敬！"全场都跟着高呼，口号声响成一片！

坐在身旁的王进喜心里忐忑不安，很内疚。他想，活都是大家干的，我才做了多少呀，就受到这么大的表扬？我算什么铁人呀，才打一口井就受了伤，真是对不起余部长，对不起赵大娘。他暗下决心一定要把井打好，早早地把大油田拿下来。这时伤腿又钻心地疼起来，他怕暴露一动也不敢动，强忍着，豆大的汗珠流下来。身旁的领导问他怎么了，他说天太热所以冒汗，遮掩过去。他想，过去自己以为为了拿下大油田掉几斤肉，流几斤汗，少睡一点觉，看起来这还不够，应当搭上身家性命豁出命来干，宁可少活二十年，拼命也要拿下大油田。对了，今天就下定这个决心表这态了。

余部长做完报告，康世恩副部长代表石油部党组和会战指挥部发布五六月份第一战役的会战动员令。听了这位当年军事总代表的讲话，王进喜想起当年康世恩带领部队贯彻党中央、毛主席命令，解放了玉门，解救了自己，他更坚定了"少活二十年"的决心，要把共产党、毛主席给的生命用在开发和建设大油田上。

接着是先进单位代表讲话和比武打擂，首先由铁人发言。王进喜强忍住腿疼，像没事一样走到台前对着麦克风，对着坐在场上的万名工人，大声地说："盼了多少年了，大油田终于找到了。我们1205队一定要创造条件上，快安装，早开钻。我们要把地球钻穿，让大油海翻个，把大金娃娃抱出来！人活一口气，拼死干到底，为了把贫油落后帽子摘掉，"他摘下前进帽举过头顶，高声说，"宁可少活二十年，拼命也要拿下大油田！"

这就是铁人在万人誓师时，面对万人发下的誓言。他的话再次激起了万人欢呼。

1956 年申请入党时，王进喜曾对党保证过，自己能做到把脑袋别在裤腰上豁出命来干；入党宣誓时，自己曾举着拳头保证过"随时准备牺牲一切"，今天到兑现的时刻了。1956，他"大打翻身仗"，今天他要"打大翻身仗"，把"贫油落后"的帽子甩掉。为此，他将义无反顾，勇往直前。

誓师之后，三探区按照会战指挥部要求，"集中全力猛攻试验区"，把表现最好的 1205 队从马家窑调到杨四屯，让他们打试验区的第一口"开山井"——2589 井，起个领跑作用。与他们同场竞技的有景春海、马德仁（即1202 队，张云清已调走）、孙雨廷等著名钻井队。从不服输的王进喜当然不甘示弱。他挟一口井的余威，牢记万人誓师时发下的誓言，带着严重的腿伤，指挥全队工人快搬家，巧安装，早开钻，要在 2589 井上实现"四天打完一口井"，创出班进日进月进尺的全新纪录，打他个 5 月会战开门红，在这场大竞赛中争第一，在标杆林中夺冠军。他的伤腿已经肿得有碗口粗，疼得更厉害了。大家劝他上医院他不去，忍着痛拄着材料员给他做的拐仗一瘸一拐地指挥工人搬家安装。每走一步都很艰难，但铁人以铁的意志坚持着，实在不行了，就到工人在套管排上给他搭的"铺"上休息一会儿。书记孙永臣看到他腿肿得老粗，就向区做了汇报，宋振明亲自来接他去住院，他睡了一觉就跑回了井场。领导又决定把他送到齐齐哈尔去住院。以为送远点能让他安心治疗、休养几天。哪成想，没住两天，他又跑了回来，继续和大家一起干。铁人就是凭着对党的石油事业的忠诚，凭着坚定的意志，带着

△ 王进喜带着腿伤跳进泥浆池，搅拌泥浆，提高比重，压住了井喷

腿伤和全队工人一起把钻机从马家窑搬到杨四屯，很快开了钻。

"生产试验区"是选在萨尔图油田地下构造的顶部，地下压力高，打到 700 多米时，突然发生了井喷。强大的高压水液柱裹着强大的气流冲出井口，一直冲向井架，不一会儿就达到 40 多米高。王进喜一面派人通知全队集合，一面命令司钻不准停钻，让钻杆保持在井里旋转，命令孙秉科管住明火，万万不可引起火灾。

人马集合以后，商量压井办法。没有重晶石粉，有人提出往泥浆池里加水泥和黄土，但有人反对，说那样容易水泥"灌肠"把井堵死。王进喜的脑子急速地转了几圈，果断地说："没有重晶石粉，我们也要创造条件上。现在保井保设备要紧，水泥凝固要20多个小时，我们压住井及时循环处理，不会灌肠的。上！"方案确定以后，人们急速行动，像固井时那样搬起水泥往泥浆池里倒，有的则用铁锹，用手往里扒黄土。

不一会儿，几十袋水泥和黄土加到泥浆池里，可问题也跟着出现了，大量的水泥沉入池底，泥浆融合不好，比重也没提高，而且又糊住了池底的上水管口的莲蓬头，泵不上水来了。现场又没有搅拌机，连个泥浆枪也没有……

井还在喷。液柱越喷越猛，越蹿越高，吼声震天，越传越远，一场大事故就要发生。这时铁人坚定地对大家说："同志们，现在情况紧急，就是搭上性命也要压住井喷，绝不能叫井毁人亡的事发生！"在这千钧一发之际，王进喜忘了自己的腿伤，不顾泥浆烧人，扔掉双拐"扑通"一声跳进2米深的泥浆池中，手划脚蹬用身体来搅拌泥浆。

队长跳下去了！紧跟着实习女生段功武、司钻戴祝文、工人赵元和等7个人也跳了下去。大家奋力划动搅拌，泥浆比重升高了，用水泥、黄土配制的高比重泥浆经过两台高压大泵的强力抽压，通过循环管线和钻杆强力注入地下，以比高出气老虎、水老虎大几倍的压力往下顶，往下压，硬是把它们一点一点压了回去。

整整经过三个小时的紧张搏斗，井喷制服了。

这时仍在池子里的王进喜已经精疲力竭，伤腿上的绷带纱布已不知去向，伤口被碱性很强的泥浆浸泡冲刷变得血肉模糊，疼痛难忍，身上、脸上、手上也被泥浆中的烧碱、化学药剂烧出了血泡。大家刚把他拉上来，他就昏倒在地上，人们张罗要送他上医院，他清醒后大声说："不要管我，看井压住没有？赶快大排量循环，防止水泥凝固。快点儿处理泥浆！"

工人们给队长擦去满脸满身的泥浆，披上老羊皮袄，把他搀回钻井排的"铺位"上。他坐在那里分派工人们处理事故后的各种问题，依然是那样坚定、沉稳！

经过全队努力，井保住了，设备安全保住了。全队工人除了队长，其他人一个手指也没伤。又打了100多米，就把含水泥的泥浆全部换掉，进入了正常钻进！可以说是王进喜拼上自己的命，保住了油井、设备和人员"三条命"。

2589井，5月8日开钻，12日打完，实现了王进喜提出的"四天打完第二口井"的目标，还创造了日进535米的最高纪录。这开发试验区的第一口井，是1205队工人们用汗水、队长王进喜用生命打成的。真是一诺值千金，铁人用行动践行了自己"宁可少活二十年，拼命也要拿下大油田"的誓言。后来这口井改为中7-11井，是开发试验区第一口生产井，大庆油田第一口排液井、第一口注水井。如今已立碑保护，成为大庆"功勋井"之一，不时有人来此参观，缅怀铁人的功绩。

➔ 榜样力无穷

★★★★★

列宁说："榜样的力量是无穷的。"

一个"人人学铁人，人人做铁人"的决策，在大会战中很快就发挥了作用，见到了明显的效果。从五一会战打响，到6月底，仅仅两个月时间，就涌现出一大批铁人式的好干部、好工人、好工程技术人员。"铁罗汉"祝贺明、"一块好钢"王炳忠、"钢骨红心"报捷队、"钢铁小分队"，直至钢铁钻井战线、钢铁运输线……个个都闪耀着"两论"的光辉，个个都高扬着铁人那艰苦奋斗的创业精神。会战党委和会战指挥正式表彰的就有一级红旗单位44个、一级红旗手388人，会战中"火线"入党的新党员157名。

铁人王进喜带动了大会战迅猛发展。整个油田是一派"一个铁人前面走，千万个铁人跟上来，铁流滚滚永向前，铁人大军无不胜"的壮阔局面。

1960年7月1日，为庆祝建党39周年，庆祝第一战役胜利，会战指挥在万人广场召开第三次"万人大会"，大张旗鼓地表彰了五个先进集体。按当时的番号说，他们是：

王进喜—孙永臣（1262 即 1205）钻井队

马德仁—韩荣华（1206）钻井队

段兴枝—陈茂汉（1247 后来叫 1206）钻井队

薛国邦—韩文明采油三队

朱洪昌工段

这就是在大庆会战中立下大功的赫赫有名的"五面红旗"。"五一"万人大会披红戴花骑大马的只有铁人王进喜一人，这次是"五面红旗"先进集体的队长、指导员王进喜、孙永臣，马德仁、韩荣华，段兴枝、陈茂汉，薛国邦、韩文明，朱洪昌（工段长兼指导员）九位英雄。

从 7 月 3 日开始，《战报》陆续发表介绍"五面红旗"的文章。第一篇为《社会主义的红状元》，介绍铁人和 05 队的事迹。会战党委发出《通知》，要求职工要认真学习。

"五面红旗"是学铁人的典范。他们的代表人物在谈到自己前进动力时，无不交口称赞，肯定他的带动和引领作用。02 队队长马德仁说："对我们来说，铁人就是压力。他带头冲，就是给大家加压力。他有一个新成绩，形势又逼人一步，我们压力就大一分。"

指导员韩荣华说："铁人的英雄行为和先进思想带动了整个会战的发展。没有王铁人大会战打不了那么快！"

令我们惊叹的是，在山东的段兴枝队的指导员陈茂汉和在北京的 02 队指导员韩荣华一样说出了一个同样的结论："没有王铁人，大会战打不了那么快！"

→ 乘胜再前进

★★★★★

对于党给予的崇高荣誉，王进喜一直保持着清醒的认识，保持着谦虚谨慎、不骄不躁和艰苦奋斗的作风，保持内省和自律。跳泥浆池压井喷受了表扬，他说那本来是处理大事故，领导没批评反而表扬那是鼓励我们，自己可不能也飘飘然，忘了天高地厚……所想所说充满了辩证法。

"七一"万人大会之后，5 队上下一片欢腾。大家决心要在这黄金季节里，顶着骄阳大干一场，创造一个"五开五完"新纪录。可是天公不作美，7 月的雨比 6 月还大，几乎是"倾盆大雨天天下"，草原上一片汪洋，井场上积水总有半米甚至一米深，宿舍里满地稀泥，这些在西北大戈壁上生活惯了的"旱鸭子"，成天在雨水中干活，泥泞中走路，潮湿中生活，在蚊虫叮咬中睡觉，真是吃尽了苦头。

面对新的困难，5 队工人牢固树立了"天下刀子也不撤"的决心，以"天不怕刮风下西瓜，地不怕翻浆道路滑，定叫龙王拜倒在脚下"的英雄气概，誓与天公试比高。冒着大雨打井，7月份又实现了"四开四完"，摸索和积累了雨中打井的经验。

8月份，雨还没有停，他们又提出了"抢晴天，战雨天，不怕蚊虫咬，誓与老天抢时间，五开五完定实现！"的战斗口号。到月底胜利实现了"五开五完"，全月进尺5466米，还创造了班进432.98米、日进738.24米、搬家周期5小时等一批高纪录，主要指标都超过了1958年。

这是铁人王进喜在1205队同工人们在一起的最后一搏，为他的钻井队长生涯划上了一个圆满的句号。

进入1960年9月，西伯利亚寒流就袭入大庆，天气变冷。作为高寒地区，严冬对每个会战职工都是更为严峻的考验。王进喜整天和工人一起拼命干，长期住在井场上，用工人的话说是"从来没正经吃过饭睡过觉"，用赵大娘的话说"就是铁打的也经不起这样造"，早已伤病在身。被砸伤的右腿，应当说受过三次伤的右腿根本没彻底治过，留下了残疾。为了保护他的健康，三探区党委按照会战党委的指示精神，让他离开基层待命休养，任命张学贵为5队队长，丁尚宝为指导员，给了一部国产的序号为1205的新中型钻机。此刻5队才正式叫国–1205队。

1960年10月1日，王进喜到哈尔滨参加国庆十一周年庆典。回来后不久，就被任命为装建大队大队长。

装建大队是担负钻井后勤辅助工作的一个单位。已有大队长、书记，还有几位工程师，领导班子健全得力。组织上调王进喜去当大队长，是想叫他边协助工作，边学习，边休养，边治病，轻松一下。可王进喜是个闲不住的人，他像上满了劲的发条，松不下来。这位老钻井工人、优秀钻井队长心里最明白，装建大队担负着几十个钻井队的搬家安装、供水供电接电话线的任务；"十一"下过一场大雪以后，天气骤然变冷，又得为井队安锅炉，烧煤取暖，加上设备维修，任务繁重艰巨，工作条件极其艰苦。因此，他到大队报到后找大夫看了病，抓了几副中药放在那儿，立即上前线了解情况，投入工作。王进喜对已在任的大队长门广福、书记王国权说："全大队工作你们主管，该咋干还咋干，我专门负责打一线。"门广福、王国权不同意。门广福说："领导叫你来，一是你指导我们的工作，多出些主意；二是利用这段时间好好治治病，休养下身体。工作我们一定做好，你就在家坐镇。"王进喜说："噢！你们在前线拼命干，让我在家享清闲，那我可就真得憋出病来了。"他不听劝阻，披上老羊皮袄，背上小挎包，兜揣笔记本，深入到基层队，黑天白夜同拖拉机队、安装队、锅炉车间的工人们在最前沿滚，哪里有困难就出现在哪里。有时几天也不回大队办公室，抓来的中药想起来才熬一回，吃一次。

1960年10月，调整机构，撤销探区，新成立的钻井指挥部按上级指示，王进喜一家8口接来大庆。这时，"繁忙的休养人"、大队长王进喜正领工人给钻井队烧冻结的水管线和给一个有意见的钻井队搬家，老娘来了也顾不上，三天以后才赶回看母亲。

12月，雪更大，风更猛，天更冷了。人们传说的"钢铁咬人"、"尿尿用棍子敲"的时代到了。装建大队二十几台拖拉机扒窝的、冻坏的、报废的，能动的没剩几台。钻机搬家已无法组织"整拖搬家"，很多井队等在那里，十分急人。钻机都在一个井排上打井，距离很近，如果拆散搬家又不值得。这时，王进喜想起5月份段兴枝队曾试验成功过"钻机自走"，就找曾经搞过这项试验有两次成功经验的1205队新任指导员丁尚保商量，成立了一个装建、钻井工人、技术干部和大队领导"三结合"小组，研究用"钻机自走"的办法，给井队搬家。最后试验成功，用这个办法给1205队、1203队、1206队等搬了家，让他们在新井位开钻，坚持了冬季打井。

大会战在四万将士百折不回的战斗中，坚持了下来！1960 年取得了惊人的成就！

→ "我是中国人"

★★★★★

1960 年底，王进喜回玉门参加汇报团，回到家乡向玉门市委和玉门人民汇报。王进喜给家乡人民带来了大庆会战初战告捷的喜讯：1960 年，从 4 月做准备，"五一"会战打响到年底，仅仅 9 个月的时间就打井 254 口，总进尺 29.3 万米，获得可采储量 5 亿吨 (后来核实，1961 年上报为 22.6 亿吨)，当年为国家生产原油 97.1 万吨，占全国总产量的 18.6%。这预示着刚刚起步的大庆油田在改变我国石油工业落后面貌中有着举足轻重的地位。

王进喜向家乡人民报告了 5 队取得的成绩：在极其困难的条件下，9 个月交井 19 口，总进尺 21258 米，创造了月进、日进、班进的当时最高纪录，同 1958 年相比，除年进尺低了 206 米外，其他指标都超过了历史最好水平。

应汇报的还有许多，可他都没有讲。吃苦、挨累、腿受伤没有讲；大娘、部长、学铁人也没有讲；披红、戴花、骑大马更没有讲。在十斤娃看来，成绩是党的，活都是工人干的，自己做的那些都是应该应分的，不值一提。这是铁人最可贵的品质！

铁人的汇报受到热烈的欢迎。这个赤金出生，玉门成长，在大庆会战中建功立业的黑油娃，没有辜负家乡父老的期望，为玉门争了光，为全国人民争了气。

1964 年，大庆公开报道时，大批记者、作家、艺术家来大庆采访、慰问。他们看到铁人并不高大魁梧，甚至有些瘦弱，就产生了一个疑问：是什么力量使铁人创造了这样惊人的成就？经过深入采访，答案逐步清晰。最有力的回答是他们在档案记载中发现铁人自己做出的回答。

铁人王进喜在 1963 年纪念五四青年节大会上做报告时，回忆创业伊始的情景时说："1960 年为什么要有也上，无也上，创造条件上？就是因为有美帝封锁，苏联卡脖子，国家受难。油田摆在脚下，我们为什么不让它早出油，多出油，甩掉落后帽子？在那种形势下，我们就是要多打井，早出油，创造条件上，杀头、掉腿也要上！"

就是在这次纪念五四大会上，当年曾在北京五四大街"泪洒沙滩"的铁人说：

我国人民几千年来都是聪明伟大的。可是近百年来却受人家欺负。我们一定要把祖国建设好，不受别人侵略。我们要在世界上喊得响响亮亮的：我们是中国人！

自强不息，抵御外辱，强国富民，做一个响响亮亮的站起来的中国人！这就是铁人所以成为铁人的思想动力。

公仆树风范

➡ 创业解放村

★★★★★

1960 年 10 月，会战指挥部根据形势发展需要，撤销了三个探区，按行业成立了钻井、油建、采油、运输等指挥部，把会战领导机关从安达搬到萨尔图"二号院"。确定 1961 年任务是：以注水采油为中心，高速度、高水平开发建设大油田。其中钻井任务仍然很繁重，要求钻井战线要快上马，早出阵，大步先行，提前打响第一炮，继续当好"火车头"。

为此，钻井指挥部决定成立两个钻井大队，把打生产井的二十几个钻井队分开管理。装建大队大队长王进喜担任钻井生产二大队大队长兼党支书记，挑起更重的担子再创新业。

1961 年 2 月的一天，王进喜和已经上任的大队教导员徐锦荣带领刚刚报到的 7 个干部来到油田北区一个叫星火牛场的地方，把已经废弃的半地下室的三间菜窖收拾好，开了一个动员会，二大队就开始办公了。为了庆祝大队开张，徐锦荣找来了红纸和墨汁，写了一副对联贴在门上：三间菜窖建基业，

白手起家定乾坤。横批是：前途光明

　　然后，大家步行分头找井队，下基层，开始工作。

　　刚刚安顿下来还没完全熟悉情况，钻井指挥部做出一项决定：两个钻井大队明确分工，钻井二大队调往南区去打井。当王进喜向大家宣布这项决定并表示自己已经表态接受了任务时，一些同志表示反对。一位刚刚报到的钻井技师说："南区是个高压区，打井好喷，我们不能去！"王进喜说："我们就是要打喷的井嘛，不喷还打它干什么？"

　　这时技师说："我说的是好出事故！"

　　王进喜说："我的老兄啊，你害怕啦。井无压力不出油，人无压力轻飘飘，困难越大越有干头。我们钻井工人、共产党员就是要知难而上，越是困难的地方越要去，替领导分担些压力！"

　　徐锦荣表示支持大队长的意见，统一了大家的认识，决定离开北区，搬往处于油田顶部的高压区——"南线"。

　　王进喜要了台车，领上两个人到南线选址，跑了三天，选了一个叫"白玉生窝棚"的地方，改个新名叫"解放村"，作为二大队的新址。划地界时，按大队长要求，划了足足有一平方公里多的范围。一个小青年说："这也不是跑马占荒，要这么多地干啥？"王进喜说："过日子，地是宝中宝。将来咱们大队要有几千口人，十几个队，家属孩子一大帮，得建宿舍，办商粮店、小学……没地咋行。"

　　地点选定了，上级认可了，王进喜就到对面的砖厂借了半栋闲置的砖窑当办公室兼宿舍，张罗搬家。钻井指挥部送来了三栋帐篷和一些桌椅、家具，大家把它们围成一个小院支起来，挂起牌子，联系安上电话，这个"钻井二大队"就建立起来了。

　　从三间菜窖起家到三栋帐篷安营扎寨，铁人王进喜和他的战友们为自己找到了再次创业的大舞台，开始了新的超越！

→ "跑井"带作风

★★★★★

当时二大队管理 13 个钻井队，担负着繁重的打井任务，而且分布在南北相距上百公里的百里油田上，非常分散。大队工作怎样运作? 刚刚从 1205 队出来没有半年的王进喜深深懂得任务压在井队，困难堆在基层，主意经验也都在群众的脑袋里，只有按毛主席"没有调查研究就没有发言权"的教导，贯彻会战工委"三个面向""五到现场"的要求，深入下去，才能把工作干好。因此，他要求所有班子成员和机关干部都要发扬"有也上，无也上，创造条件上"的艰苦奋斗创业精神，无论分管什么工作都要下井队、跑情况、抓生产。允许摆情况，不许叫苦提条件。业务部门要下去为基层办事，不准往大队叫人，让工人来找你办事。机关干部要一律住在办公室里，24 小时管生产、抓工作。他对大家说："要求大家的，我首先要做到。我们要赶快跑起来，动起来，干起来，兵强马壮地、精精神神地快步先行打响第一炮!"

铁人说话算数，真正做到了要求别人的，自己首先做到。他每天身披羊皮袄，肩背小挎包，怀揣笔记本，或坐车，或骑自己的摩托车，或步行一个井队一个井队地跑，到基层去了解情况，解决实际问题。他管这种方法叫"跑井"。每到一个钻井队，他先进食堂，再看宿舍，然后就到井场上去参加劳动，实心实意地和工人们一起干活，遇见重活险活，不顾已40来岁，总是冲在前，抢着上。在1207队井上，大钩放不下来了，王进喜爬上井架去找原因，排除故障，回到地面时累得气喘吁吁。一个工人端来一杯热水对他说："大队长，你是领导了，以后这样的活，你出主意指挥我们干就行了！"王进喜说："我当了什么首先还是个工人。工人到哪里我就到哪里，永远和你们干在一起。"

铁人"跑井"不是做样子给谁看的，完全是为了发现和解决问题。罗–1205队一时供水跟不上，铁人就跟他们讲1960年1205队"端水抢开钻"的故事，鼓励他们自己动手"创造条件上"，并从附近的1249队调人来一起动手接管线。铁人和工人们一起干，边干边讲笑话，鼓舞大家士气。只用半天时间就解决了这两个队的供水问题。

新组织的罗–1262队，会战来得晚，用的是国–1205队换下来的旧钻机，困难比较多，一部分工人有畏难情绪。王进喜就住到这个队上，一边参加劳动，一边和工人们谈心，讲会战的形势，讲国家缺油是主要矛盾，动员大家克服困难打好井。队长、指导员也利用这个机会大讲铁人的事迹，教育全队工人。全队士气大振。工作越做越好，不久就成为一个先进队，人称"铁人二队"。

人们都用"同吃同住同劳动"表扬深入基层的干部，可王进喜下井队却"同住同劳动不同吃"。为什么？因为1961年是大庆最困难时期，粮食定量低，有时还保证不了供应。王进喜为了不占用井队工人的定量，就叫爱人把包米面炒熟，用一个干粮袋装好背在身上。到开饭时间，抓把炒面放搪瓷缸子里用开水一冲，就是一顿饭。井队干部工人不让，给他端来热饭菜，

△ 王进喜当了干部仍不脱离劳动。这是他在井队手扶刹把车打井

他死活也不肯吃。有时炒面袋子不在身边，就借故走开饿上一顿。

王进喜坚持"跑井"，受到工人们的欢迎和称赞。大家说："老铁过去当队长，住在井场上，围着一个钻台转，全天滚 24 小时管生产；现在当大队长了，坚持跑井，围着十几个钻台转，还是全天滚 24 小时管生产。工人身上有多少泥，他身上有多少泥，劳动人民本色没有变！"老调度员李忠诚，为人正直，对有些干部浮在上面瞎指挥看不惯，经常发生顶撞，人称"牛哄调度"。

可他却对铁人佩服得五体投地。他说："像铁人这样深入，什么也瞒不了他。就连哪个队有什么配件、工具都一清二楚。缺什么了，他说哪个队什么地方有，你去拿管保不扑空。这样的干部你不服他服谁？"

铁人"跑井"带出了好作风。二大队的干部们，特别是调度员都学习他，每天起早贪黑下井队，上基层去为干部工人解决困难。保养站的工人们学铁人，背着干粮袋、工具袋、材料袋上井修钻机，总结出"三袋"上井的经验，李敬指挥在全钻井队加以推广。

康世恩听了铁人跑井的故事非常受感动。在万人大会上对大家说："铁人是个战胜困难的硬汉子。今年大会战他还像去年那股劲儿，背起炒面袋子，一天到晚地在井上转。在他影响下，现在很多同志背着炒面袋子，一天全在工地。这种艰苦奋斗的创业精神是非常可贵的。这是我们的革命传统，'山沟子'作风，值得人人学习大大发扬！"

→ 抱出"大金娃"

★★★★★

石油深埋在地下，而地下压力很高。二大队所处的位置正是大油田（技术名词叫构造）的顶部，地下压力大，打井更容易发生井喷事故。王进喜没有忘记来南线时的那场争论。他对大家说："南线这个地方是有危险，但我们一定看到，地下有气老虎，还有油龙，更有大金娃。我小时候淘过金，金子很宝贵，可眼下国家需要油，油比金子更宝贵，油井气足，喷劲大，说明它产量高。我们宁可多吃些苦，也要在这儿打井，把大金娃给它早点抱出来。"

一

抱出"大金娃"，没有过硬的本领，怎能制服气老虎。

王进喜召开全大队动员大会，对大家说："气老虎也是个纸老虎、豆腐老虎，我们一定能战胜它、制服它！"

他和副大队长马德仁、教导员徐锦荣先商量出一套办法，然后，经过层层开会研究采取三条措施制服"气老虎"：一是做好思想工作，树立敢打必胜的信心；二是开展业务技术培训，了解高压区地下情况、油层特点，学习训练打好高压井的技术本领；三是推广1284队、1275队的经验。

1284队是原松辽局的"青年先进队"，在南区打过好几口井了，总结出一套"摸准地下情况，准备充足用水，调好泥浆比重，防止井漏井喷"的经验。王进喜派技术干部帮他们总结，让年轻的队长王润才到各队去介绍。

1275队是战区标杆队，作风勇猛又细腻，井打得又快又好，取芯收获率一直很高，打井从来不喷，有

△ 王进喜在井队同工人一起研究钻头使用，提高钻井质量

一套预防井喷的好经验。副司钻赵云海思想好、干劲大、技术精，是处理事故、预防井喷的能手。圆井里有了落物，他冒着生命危险，潜到三四米深的泥浆里把它捞上来。分管"泵房"工作尽心尽职，对泥浆性能、比重、配制方法了如指掌，对泥浆泵的结构原理、使用规程十分精通，完全能根据地下情况需要提供适合的泥浆和泵压，从没出过偏差和故障。大队长领人去总结他们的经验，让队长和赵云海到各处去传授，各队也纷纷到这个队来学习取经。

经过认真细致的工作，1961 年全大队交井 90 多口，其中有 50 口在高压区，没有发生井喷、伤人、损坏设备事故，优质率在 90% 以上。

二

抱出"大金娃"，必须讲质量，要对油田负责一辈子。

速度和质量是一对需要不断解决的矛盾。王进喜心里清楚，对于猛打猛冲惯了的钻井工人来说，树立质量第一的思想可不那么容易。

1961 年 3 月，钻井战线快步先行，提前半个月开始会战，一心要创几个高纪录，有的队光抢速度，忽视质量，连续发生井斜超过标准、射孔错位等事故。就连著名的 1205 队也把井打斜了，比规定标准超过了 0.6 度，而工人还不以为是个问题。

4 月 19 日，会战总指挥康世恩在油建礼堂召开千人大会，把钻井党委书记、指挥、总工程师叫上台站着，严肃地批评他们搞高指标，"抬着棺材进坟墓"，是对油田不负责任。批得他们站立不安，汗流浃背。这天开会王进喜来晚了，他主动走上台，站在领导身边挨批。康世恩见王进喜来了，就说："我讲过谁不讲质量就和谁拼命。你王老铁工作没做好我也要批评你。叫人痛心的是我们的钢铁 05 队在先进的时候就埋下了垮台的因素。首先从质量上要垮台了! 王进喜呀, 人家张飞还粗中有细呢, 你什么时候能细起来呢!" 你一定要记住, 质量是油田的生命。这么好的大油田, 不能葬送到我们手里, 要对它负责一辈子。"

王进喜要利用"难忘的4·19"这个机会, 好好地反省自己, 也教育工人。他到钻井指挥部做了检讨, 并请求把1205队打的那口不合格井填掉, 钻井党委支持他的意见。填井的时候, 王进喜让各队干部、工人代表都来参加, 向他们传达了康部长的指示, 检讨了自己的错误。填井时他背着水泥, 迈着沉重的步子走在前边, 工人们眼含热泪跟在后头, 大家决心要把队伍里存在的只求速度、不讲质量的低标准、老毛病、坏作风, 同这口质量低劣的井一起埋掉。有位同志对铁人说:"填了这口井就给标杆队的队史写下了耻辱的一页。"王进喜说:"没有这一页, 队史就是假的。这一页不仅要记在队史上, 还要记在我们每个人的心里。要让后人都知道, 我们填掉的不光是一口井, 还填掉了低水平、老毛病和坏作风。"

"4·19"大会后, 在钻井二大队掀起了一个讲质量的热潮。

王进喜则亲自回到1205队抓落实。他一进门, 队长张学贵就检讨说:"老队长, 我们本想多打几口井抖抖咱队的威风, 哪成想却给你抹了黑。"王进喜一听来了火, 批评他说:"井都填了, 你还没明白咋回事。我算老几? 要对大油田负责任!" 在全队大会上, 王进喜沉痛地对大家说:"要想打直井,首先脑袋瓜子里要有个直井,关键在思想。康部长说我们要垮台了,从质量上垮,我们要从思想上找原因。过去我只想猛干,不讲严细,讲速度多,讲质量少,造成今天这种状况。钻井是个体力活,更是技术活,今后还要猛,要猛如老虎;更要细,要细如绣花。我们要用扶刹把的大手,捏着钻杆绣花,打出不超过一度的笔直井来,为大油田负责一辈子。"

树立了为油田负责一辈子和质量第一的思想,丢掉了"低老坏",又摸索出各种打直井的方法和经验,各钻井队双翼腾飞,都打得又好又快又稳,二大队在生产上取得突出的成绩。国-1205钢铁钻井队也越打越好,1961年6月实现了四开三完,7月份累计钻井进尺已达10054米,创造了日进、班进的当时最高纪录,以后一年更比一年强,有一口井最大井斜才0.6度。当年他们因超过0.6度挨批填井,如今打出了0.6度的笔直井,这是没有忘记那"难忘的4·19",树立了为油田负责一辈子的质量意识的结果。

三

要抱出"大金娃",还要建立岗位责任制,做到人人挑重担。

进入1962年,王进喜总结一年的工作,越来越感到这个大队长不好当。过去当队长全队都在眼皮子底下,就是看也看出个先进来。可如今这么大一摊子,又天南海北哪都有,看也看不住,跑也跑不全,班子几个人全大队机关几十人整天地忙,仍然是"按下葫芦起了瓢",事情不断。

正在他为怎样解决这个问题而发愁时,传来了二注水站从"查物点数,划岗定人"做起,建立岗位责任制,把全站生产任务和各项管理工作都落实到人头上的消息,人人有专责,办事有标准,工作有检查,保证了注水生产顺利进行。王进喜立即带领"一班人"和各队干部、工人代表到北二站去参观学习取经，回来后发动全大队，也从"查物立数，划岗定人"做起，建立钻井行业的岗位责任制。他自己则带领几名干部一头扎到这方面有基础的 1281 队去蹲点调查，总结他们的经验。

1281 队在四川就是一个先进队，1960 年 6 月来会战，接了一部由四个队拼凑起来的烂钻机。工人们说："设备不怕老，全凭保养好。在部队我们能靠小米加步枪打败敌人，今天就能靠老钻机为国家打井拿油。"全队齐动手，开展机修小会战。2 号柴油机实在不能用了，司机长李荣斌就领着工人蹲在机房里修，三天三夜不回宿舍，硬是把这台老爷车修好了。他们不仅会修，更会管，在长期实践中制订和完善了一套"三定""五勤""三及时"的维修保养制度。在实际工作中，还举一反三，订立了值班干部、司钻、各岗工人的岗位专责制、交接班制、巡回检查制等几项制度。

王进喜来这个队以后，和干部、工人们一起研究，把整个钻井工作划分成五大区十八个岗，把大大小小的上百件事情都落实到几十个工人、干部身上，制订出钻井工人的岗位责任制。

岗位责任制，也做到了把千千万万件的事落实在千千万万人的头上，让战斗在百里油田上以班为战、甚至以人为战的广大干部、工人人人挑重担，人人担责任，井打得又快又好又安全，各项工作都变得主动多了，这使王进喜看到，领导的压力、油田的压力、二大队的压力有全大队的人自觉来分担，从内心里感到高兴，浑身上下轻松了许多。

经过王进喜和"一班人"以及全大队工人干部的努力，二大队年年超额、优质完成钻井生产任务，为国家抱出一个又一个大金娃娃。队伍建设也取得了进步，国-1205 等四个队成为油田标杆队，1284 等三个队成为五好红旗队，赵云海、李荣斌、王采华等成为五好标兵。

⊙ 大队"小社会"

★★★★★

1961 年，是大庆的全面发展年，也是最困难的一年，搞好全大队成千口人的生活，非常重要。王进喜按照上级部署，不仅跑井，还跑房子跑地跑商粮店……用很大的精力抓生活。

一

抓紧多盖"干打垒"，"为让工人有个窝儿"。

为了解决住房困难，王进喜采取工人动手、家属参加、成立专业队这"三条腿走路"的办法，抓紧时间盖"干打垒"。李太和—尹群和钻井队调来以后，没有钻机，王进喜就动员他们改行干基建。他对队长、指导员这两位干部说："古代有和合二仙要饭为民造福，我希望你们俩也当个'和和二仙'，领工人搞基建，为工人造屋。等工人都有个窝儿了，我给你们烧香上供。"两个干部听从大队的安排，做全队工人工作，改为基建队。开工那天，王进喜拿一把榔头动员大家说："你们别小看这个榔头，今年咱们过冬全靠他了。钻井工人来打墙，可能有的同志想不通。我希望大家要从全局出发。咱们大队没房子，四户家属住在一个屋里，职工半夜回来都找不到位置，小孩子都跑别人被窝里去了。你说，咱们能看着不管吗？"他这样一说，把大家都逗笑了，愉快地跟着大队长抢榔头打墙，抢盖"干打垒"。

就是靠白手起家创基业，盖起了一栋一栋的"干打垒"新房，组成了钻工大院、生活大院、保养站厂房。1961年全大队盖起6000多平方米"干打垒"，入冬让上千名职工、几百户家属住上了新房，做到了人进屋，畜进圈，粮进仓，菜进窖，车进库。

有了"干打垒"，铁人并不满足，1962年他又到对面砖厂学经验，自己建窑烧砖，在上级支持下，盖起了一栋栋漂亮的红砖房。会战总指挥康世恩来检查工作，看了以后很高兴，改行的钻工们的手艺欠佳、房盖红瓦铺得不平，他开玩笑说："好啊，钻工盖瓦房房顶成了波浪式。波浪式也好啊，能装四大洋嘛！"

当那些常年在野外栉风沐雨的钻工们搬进"新八排"那宽敞明亮的新房时，感到自己可真有个"窝儿"了！年终总结评功时，给王进喜写了四句打油诗：

　　　铁人带咱盖砖房，延安精神大发扬，
　　　别看屋顶波浪式，能装五洲四大洋。

二

开荒种地多打粮，"吃饱肚子好会战"。

供应保不住底线了，只好靠"五两保三餐"度日，靠"野菜包子黄花汤"改善，很多工人得了浮肿病。为了解决定量不足、钻工吃不饱问题，二大队响应党委号召，同样采取工人、家属、专业队"三条腿走路"的办法，积极开荒种地。党总支派副书记钱秀森来抓这项工作。

1204钻井队钻机交给1281队用了，王进喜就动员他们改为农副业专业生产队。队长徐炳洪是北大荒来的转业军人，有开荒种地的经验；还曾因为小孩多吃了队里的一个玉米饼子挨过批评，铁人对他说："你又有经验，又有体会，就领着大家干吧！"徐炳洪答应了，二人一起去选点，把开荒地点选在了离马家窑和萨55井不远的杨树林。开犁那天，王进喜和钱秀森一起来参加劳动，做动员。铁人对钻井汉们说："七十二行，庄稼为王。从今天开始，你们就是咱二大队的'王'了。"工人们听了哈哈大笑。铁人又接着说："搞钻井的为啥要种地呢？就是因为国家有困难。你们看到了吧，为了坚持大会战，同志们卖了手表、被子，换点东西吃。不少人到老乡地里去找土豆，拣白菜帮，连胡萝卜都成了小人参……很多人都得了浮肿病，听到这些我们心里能不难过吗？苦熬不如苦干，我们不能站在北大仓等着国家给吃的，要自己动手，丰衣足食。现在咱们苦一点，累一点，到秋后就什么都有了，小人参可以管饱吃，你们说好不好？"说完大家一齐动手，拉犁的、锹挖的、镐刨的，向荒原进军。

1204队的工人们对当"农工"毫无怨言，都积极苦干。钻工王来华在钻台上是把好手，在大田地又成了多面手，扶犁点种、喂马养猪、薅草锄地样样精。

就这样，二大队种地500多亩，到秋后收粮菜20多万斤，按政策给每个职工补助粮食 45 市斤，各钻井队也有了调剂粮，职工生活大为改善。

在全大队努力下，1962 年二大队又取得了粮菜大丰收，粮食紧张状况大大缓解。被称作农副业队的1204 队也连年被评为红旗队、标杆队，王采华也多次被评为战区标兵。

余秋里从北京来大庆，听说二大队农副业搞得好，特意到杨树林基地检查工作。午间，王进喜叫副业队食堂杀了一只鸡，用自产的肉菜招待部长。余部长很高兴，边吃边唠，对大家说："这样抓就对了，石油工人不但要会打井、搞油，也要会种地、打粮，有了这些，工人们吃饱肚子，就能更好地会战，有了巩固的后方，前方就能打胜仗，这就是延安精神！"

三

"家属是半个指导员，劳动能顶'半边天'"。

1961 年春，有大批家属来矿，这给油田建设增加了困难。因此，会战工委不得不狠卜心来，做出了动员来矿家属返乡的决定。但有几个家在重灾区的家属不愿意走，就找到王进喜对他说："大队长，我们老家没吃的，你和领导说说，别撵我们走！"有的说："我们也有两只手，能种地，能盖房，能养活自己，千万别赶我们走，求求你了！"说着说着，有的哭了，有的还要下跪。王进喜连忙说："你们别着急，等我想想办法！"

△ 王进喜和孩子们在一起

刚好过几天康世恩总指挥来二大队检查工作，王进喜陪他到一个地窝子里看钻工家属。康世恩看到这位家属蒸了两种窝窝头，一种是纯玉米面的，留给职工吃，一种是有点包米面的菜团子，是给自己和孩子吃的。小孩拿了一个玉米面的，还被她打了一巴掌。见此情景，康世恩眼睛湿润了，心想困难时期工人有家属在身边也好。一个家属就是半个指导员哪！这时，王进喜汇报了几名家属找他的情况和提出的要求，对康世恩说："我看家属不是包袱，她们有双手，能劳动，不能一律赶走。"

接着很快会战工委做出决定，号召各单位把家属组织起来，参加集体生产劳动。

二大队积极贯彻这项决定，把来矿家属组织起来参加盖房、开荒种地和基层服务性劳动。大队生活股干部刘锦明爱人宁淑兰是共产党员，在家乡时是生产队长，王进喜就动员她出来带个头。宁淑兰串联 20 多个年轻媳妇，成立了一个"半边天突击队"，到基建队去取了经，最后依靠自己的力量盖起了十几栋"干打垒"，解决了 50 多户住房。二大队的来矿家属都积极参加集体劳动，发挥了"半边天"的作用，为保证钻井生产出了大力。整个战区出现了广大家属参加劳动的动人场面，逐步培育出"五把铁锹闹革命的精神"。康世恩回忆这些情景时说，大庆工委的有些决策，王老铁是参加了意见的。

四

　　"误啥都不能误孩子"，率先办起了大队小学。

　　王进喜管生产，抓生活，顾大人，还顾孩子，很早就动手解决下一代教育问题。有一次，他在井场看见有几个孩子到处乱跑，就问家长为什么不让孩子去上学，家长们说："我的大队长，我们早就想送娃儿上学，可哪里有学校啊！"听了这话，王进喜不吭声了。是呀，这荒郊野地哪来的学校呀？听说在萨尔图火车站附近有所学校，可那也太远啦，娃儿们咋个去呀？他坐在井场边深深地责怪自己："我真浑啊，早该替孩子们想到。"他立即召开党支会，研究二大队办学的问题。他说："误啥都不能误孩子。种庄稼耽误了误一时，教育孩子耽误了就误一生。我们现在当家主事了，如果叫娃儿们也像我一样学不上文化，那就是我们没尽到责任。目前咱们办中学不可能，办上个小学完全能办到！"他的提议得到大家的拥护，散了会，相关人员立即动手，搭起一顶帐篷，用红砖垒起土台子当桌椅，找块木板涂上黑油漆当黑板。没有教师，人事股把原在玉门当过教师的陈可日，中专毕业当文书的陈忠伦抽出来,叫他们当老师;没有课本,二位陈老师就去买,买不到就借来抄,夜以继日地抄出七八套语文、算术手抄本。在百里荒原上,第一个由大队自己创办起一所小学。第一批学生共有7个孩子,还分为4个年级,王进喜自任校长,把60年一起打井、一起骑马戴花的老指导员孙永臣调来当副校长,管理全部事务。

1961年6月开学那天,王进喜去给讲了第一课。他怀着沉痛的心情回忆了自己在旧社会的苦难童年,讲述了文化低给自己工作、生活带来的困难,鼓励学生好好学,教师好好教。他对孩子们说:"娃娃们,你们别嫌人太少,过两天会增加,别嫌条件差,随着大队的发展一切都会变好。你们一定要好好跟上老师学文化,长大了要做个有知识的人,不要像我一样连个字也写不好!"

一个月后,发生了两个男生拿一位老农香瓜吃的事件,王进喜把几个老师批评了一顿。嘱咐他们不光教课,还要管孩子成长,必须管住看好。他叫基建队用苇帘子和铁丝网扎道篱笆墙,把学校围起来,不准学生们往外跑。这时有人说:"这哪像个学校,好像个鸡笼子!"王进喜说:"什么鸡笼子、鸭笼子,有苗不愁长,娃儿们有书读,有学上就行。其他的事以后解决,条件会好起来的!"正如他所说,这个学校很快发展起来。

在1963年年终总结时,有人写诗称赞铁人办学:

> 心中唯有责任感,铁人队长有高招,
>
> 办个学校像鸡笼,钻工打井干劲高。

是的!是主人翁的责任感,使铁人走在前面,棋高一招。1970年,铁人离开我们时,解放村小学已有7个年级(初中戴帽)、17个班、700多学生、40名教师。为纪念铁人,上级命名为"铁人学校",如今已经成为大庆有名的重点学校。

五

大队成了"小社会"。

"手中有粮，遇事不慌。"有了房子和粮食，二大队不仅缓解了住房、吃粮困难，还大办各项福利，为职工提供生活方便，还解决了家属、子弟就业问题。

学校办起以后，王进喜又和有关部门联系、协商，办起了粮店、商店、邮局、储蓄所，还自办了托儿所、理发室、修鞋铺、洗澡堂……

人吃五谷，不能没病。王进喜对自己的病痛不放心上，可对职工、家属，特别是老人孩子的身体十分爱惜。大队一建立他就配了卫生员。有了房子，他就向钻井指挥部请求建立卫生所。转业军医陈炳华60年到1205队给铁人看过病，印象很好，王进喜就去找他，请他到二大队当所长，陈炳华愉快地同意了。不几天，配成套的9名医生护士带着20箱药品、器械来到二大队，卫生所很快就开始接待病人。

有了补助粮，王进喜要求各钻井队食堂要生豆芽、炸油条、磨豆浆……改善生活。还在大队建立豆腐坊，统一给大家做豆腐。把已经调别队当了指导员的1205队老司钻覃培华调到大队养猪，这位老先进不计较职位高低，这一干就是四五年。

猪多了，人手不够，铁人又把自己爱人王兰英安排到作坊专门喂猪带烧茶炉。钻井党委办公室主任郭振声知道后，对他说："大嫂身体不好，怎么也得安排个好点的活,咋能喂猪呢?"铁人说:"作坊是个重要岗位,喂猪是挺有意义的活,好工人才能去。你大嫂不愿吱声,干这活最合适!"也是一干就四五年。

人们清楚地记得,这里原来叫白玉生窝棚,荒无人烟。二大队来了,才改名叫解放村,没几年就变成了热闹繁华的小镇,变成为一个"工农结合,城乡结合,有利生产,方便生活"的钻井生活基地。当年采点时"跑马占荒"圈下的土地被安排得满满登登。大家都说:"大队成了'小社会',还是老铁眼光远,胸怀宽,志气大,事事为生产着想,处处为群众谋利益,真是一个好当家人!"

如今解放村已高楼林立,当年二大队的痕迹已很难找到。但人们没有忘记铁人在一次创业中立下的汗马功劳。老会战们含着泪说:"铁人为大家操碎了心,真的少活了起码20年,走得太早了,连个楼也没住上。现在实行改革,企业不用再办社会福利了,可当年不这样不行啊!没有那时的'小社会',哪来今天的大油田啊!"

➡ 识字为"翻山"

★★★★★

　　随着大队工作的全面开展和逐步深入，王进喜深深感到自己文化低，不能适应工作要求。不要说开会要做记录，发言要准备提纲，全国群众来信要读要回信，就连签单子、批条子都有很多字不认识，这没文化简直就是一种苦。他根据在扫盲班学文化和1960年学"两论"的经验，拜机关干部为师，用群众来信、领料单和要批的条子当课本，用毛主席著作当教材，抓紧时间学认字、学"毛著"、学习文化科学知识，有时"老师"不在，有不认识的字就记下来，写不下来的就画个图像，造个符号来代替。翻开61年、62年铁人的记事本，上面有很多自己造的象形文字。

　　铁人工作特别忙，但不管怎么忙、怎么累，也要坚持每天学一点。有时半夜十一二点了，"老师"说休息吧。他就听秦腔，一曲乡音听过，疲劳顿消，接着学习。有时亲自动笔给来信的工人、学生写回信，"老师"要代笔，他说我也得练练写作能力，坚持写，写了抄，一连抄几遍。他对帮他学习的卢泽洲、廖兴礼、明清碧都说过："笔杆再沉我也得拿，写一个字浑身十七个地方疼，疼也得写。认识一个字，就是搬掉一座山，我要翻山越岭去见毛主席。"

"识字搬山"，这是铁人精神在"扫清拦路虎，攻克文化关"方面的生动体现。

王进喜学习，完全是为了用。他文化低，可求知欲望高；比我们学得少，但比我们用得好。他脾气急，要求严，有时难免犯简单粗暴的毛病。为了改正这个缺点，他把毛主席的《关心群众生活，注意工作方法》学了不下几十遍。他学习毛主席的《在延安文艺座谈会上的讲话》时，对毛主席引用鲁迅的"横眉冷对千夫指，俯首甘为孺子牛"的诗句，自己不太懂，就叫"老师"去查资料，弄明白以后，他认真地说："我从小放过牛，知道牛的脾气。牛出力最大，享受最少。我也要给党和人民大众当个老黄牛！"从此这句话就成为他的行动准则，指导他成为人民大众的牛，成为一个好公仆。

王进喜用毛泽东思想和科学知识改造自己的思想，也改造客观世界。在"难忘的4·19"之后，他一直在研究怎样提高钻井质量，摸索打直井的科学方法。他用一个搪瓷缸子当笔筒，发现各种笔总是斜躺着，突然想到如果井筒粗，钻杆细，总是晃晃悠悠斜着往下钻，那井怎么能打直？于是就琢磨可以让钻头相对小些，让钻铤、钻杆相对粗些，再加上方接头、扶正器，把井筒"填满"，这样就能把井打直了。受此灵感启发，他提出了一个"填满式钻井法"。文化低画不了图，就叫保养站给车些钻头、钻铤、钻杆、方接头、扶正器等等小模型，一有空就在桌子上摆，来寻求钻具配合比的合理参数。

最后在领导关怀、指导下，技术干部、工人参加，采取"三结合"的办法，创造出一种叫作"大填满"或"小填满"式钻井法，在1205队、1281队等几个先进队反复试验，取得了成功。已经担任石油部副部长的大庆老领导张文彬、焦力人都说，铁人发明的"填满式"在外油田打井中很实用，如果老铁活到今天是得给他发专利的。

作为 8 级老钻工，王进喜富有经验，满身"绝活"，在 1960 年被树为"铁人"不久，就被任命为钻井工程师。学了文化知识和毛主席著作，如猛虎添双翼，飞得更高了。他取得了很多革新成果，被称为"钻头大王"、"钻机医生"、"革新闯将"……他所说的"识字搬山"就是扫清障碍；"翻山越岭去见毛主席"，就是超越自我，去攀登文化、理论和科学技术高峰。

➜ 实干是"马列"

★★★★★

王进喜是个实干家。他一贯注重实绩和效率，主张要"把白馍馍蒸出来看"，经常结合实际工作，教育干部言行一致，表里如一，不准空喊口号，做表面文章，干样子活。由此还总结出"干，才是马列主义"，"不干，半点马列主义也没有"的至理名言。

1960 年学"两论"时，来队实习帮助他们学习的北油实习生，有两个不愿上井劳动，问他们钻机上的一些部件名称，他们说书本上有。王进喜批评他们说："书本上有还不是你的知识，得上钻台上去看、去摸。"教育几次还不改，王进喜就把全体实习生集合起来开会。对那两名大学生说："毛主席说实干出真知。干，才是马列主义。你读了一火车书，就是不去干，我说你半点马列主义也没有。你们再不改，我向上级打报告，把你们退回去！"从此，两个大学生积极上井劳动，和工人交朋友，很快把书本的理论变为自己的知识。这是铁人第一次提出"干才是马列主义"的命题。

1963年8月，二大队分来一批大中专毕业生，其中有一位本科生，表态时高举拳头，口号喊得很响，可到了井队不积极参加劳动，整天关在屋子里看书。队里批评他，他说读书有什么错，我将来还要当博士呢。王进喜找他谈心，对他说："我们的主要矛盾是国家缺油，靠你们青年艰苦奋斗，打井拿油开发大油田。你不爱劳动，不实干怎么行？"这位本科生说："我想读书当个博士没错吧？"王进喜说："没有天上掉馅饼的事。就是掉下个乌纱帽你还得伸出头去戴吧！你读了一火车书，光想不干，半点马列主义也没有！"

这个青年一听，大老粗也讲起马列主义来了，就问他什么叫马列主义。

王进喜说："这有两条，一是认真学习马列主义理论；二是学了就结合实际用，培养出为国出力、为民争气的干劲。就像我们钻工，热天光着膀子干，冷天胡子冻成冰疙瘩，把学的钻井理论知识和实干结合起来，把大钳打得叮当响，抢时间为国家多打井，多出油，这种实干精神就有马列主义。我总认为把理论和实际结合起来，把书本上学的、脑瓜里想的、口里说的、手里干的统一起来，表里如一，言行一致那才叫马列主义。"

这位大学生在党组织教育下很快转变了思想，劳动主动，工作积极，有了实干精神。他说，有了体会要写个总结，王进喜对他说："一定要写真实的思想，写完了就真去干，不要说空话，搞花架子！"

1262队技术员严世才是1957年北油毕业的大学生，1960年来会战，扎根井队，不怕吃苦，和工人打成一片，表现很好，可就是因为他父亲去了台湾这个"海外问题"得不到应有的正确对待。铁人对大家说，干才是马列主义。我们要以干取人，要大胆任用。他鼓励严世才不要背包袱，教育大家要贯彻"历史问题看现在，家庭问题看本人"的政策，正确对待青年人。严世才继续和工人们一起摸爬滚打，为使这个队很快变为先进队出了大力。可是在当时那种情况下，还是得不到重用。王进喜说："用人看干，重在表现。别人不用我们用！"就在大队这个范围内尽最大努力培养他入党，评先进技术员，给他涨工资；1963年还把他调到大队担任生产技术负责人，让一个技术员去管那些工程师、技师。"文革"后，落实相关政策，严世才入了党，当上了石油管理局副局长。谈起铁人对他的关怀帮助，严世才说："邓小平同志说，空谈误国，实干兴邦。大队长坚持干才是马列主义观点，以干取人，因才用人，有深远意义。"

王进喜一生有许多名言。前面说到的"创造条件上"、"少活二十年"、"人无压力轻飘飘"、"识字搬山"都广为流传。而这句"干才是马列主义，不干，半点马列主义也没有"是最富哲学意味的，被很多人当作座右铭。

➞ 工人真朋友

★★★★★

王进喜的人生信条，就是一靠党的领导，二靠人民群众。他说那活都是工人干的，你浑身是铁能捻几个钉。他性子急，脾气不好，常犯简单粗暴的毛病，就把毛主席的《关心群众生活，注意工作方法》学了几十遍，认真改造自己。工人都说他钢筋铁骨，满腹柔肠，有一颗真挚的爱心。对工人管得严，爱得深，爱骂人，不整人。工作上真严格，生活上真关心，帮工人、家庭解决问题时动的是真感情，所以工人们把他当作真朋友！这一连串的"真"字，道出了铁人的人格魅力，也道出了他有那样大的感召力、影响力和凝聚力的真谛。

钻井生活艰苦，有人说"有女不嫁钻井郎"，王进喜始终把解决青年婚恋安家问题当成自己的事。1205 队技术员工作好，技术强，就是不善交际，是个老蔫，铁人就不厌其烦地给他找对象，把大队女青年几乎介绍遍了。很多工人、干部都说"我的婚姻是大队长包办的"，说得很自豪。

一些职工子弟落户就业难，铁人就千方百计地找领导，跑有关部门，甚至求爷爷告奶奶地为他们要来落户和招工指标。指导员席如意调到胜利油田，他家属不知道又来大庆探亲。一看人走了，马上要回老家。王进喜不叫她走，为了让她回去好落户口，抓紧给她办了个"农转非"，让她拿上走了。据大家反映，这样的情况办了有几十个，可铁人家乡有侄子、外甥一大帮，却一个也没有办过。

　　铁人关心人首先是关心思想，特别注意做好耐心的思想工作。高中毕业生张秀志从玉门调大庆，到国 –1205 队当钻工。面对艰苦的生活，情绪低落，就在自己的本子上写了三句话："望草原唉声叹气，当钻工有啥出息，论前途更成问题。"队上的党员找他谈心，劝他好好改造思想，他一听更加想不通。他想，自己一个高中毕业生来当钻工就够先进的了，还改造什么。王进喜知道以后就来队和他一起学习《矛盾论》。念完第一段"两种宇宙观"以后，王进喜以一种老工人朴素的感情，按自己的理解，诚恳地对张秀志说："两种对立的宇宙观是什么意思？我理解有的人情愿在钻台上艰苦奋斗一辈子，有的人光想在暖屋子里舒舒服服一辈子，这就是两种对立的宇宙观。你说是不是？"聪明的张秀志一下子就理解了老队长的用心，脸马上红了。铁人见青年人触动了思想，就给他讲了出身好不一定能自然先进，有文化也不一定就保证是个好工人，还需要在实践中锻炼改造，让"外因通过内因起作用"的道理，鼓励张秀志发挥自己有文化的长处，自己好好努力。从此，张秀志转变了思想，心情十分愉快。他又在笔记本上写了几句话："望草原欢天喜地，当钻工真了不起，论前途光明远大，为革命奋斗到底。"他积极工作，还发挥有文化的特长，热心参加队里和大队的革新和科研工作，在"大填满"式钻井法研究中做出了积极的贡献，当了司钻、队长、大队长，最后调科协工作，成为工人出身的钻井专家。

　　钻井是大机器生产，搞不好容易出事故。铁人珍惜生命，爱护工人，怀着深厚感情抓好安全工作，保护好工人的健康和幸福。有个老工人叫张补心，工作积极表现好，可就有个毛病爱"溜钢丝绳"。在天车上干完活不走梯子，戴上大手套抓住绷绳从40米高空往下溜像耍杂技一样，非常危险。铁人劝过，骂过，甚至踢过。可张补心就像犯烟瘾一样改不了。有一次又犯了，保卫按违反安全法规把他扣起来。王进喜去看他，对他说："你张补心没长心吗？连这点安全道理也不懂，太没出息了。你爸妈养了12个子女就活你一个，才给你起名叫补心，这要是出了个三长两短咋向老人交代呀！"说着眼里迸出了泪花。张补心从此下决心改掉老毛病，一直在井队干了30多年。他过54岁生日离开井队时，钻井一公司为他祝寿，局党委书记也来祝贺。他说："我现在身体还棒棒的，还可干几年。能有今天，一是党的教育，二是铁人老队长关心爱护。我活得好好的，他却早早地走了，让我想起来就心里难过！"

铁人把工人当亲兄弟，工人把铁人当"严大哥"、真朋友，有事都愿找他办，有话愿意向他说。

王进喜有了难处，他们也肯舍命帮助他、保护他。

王进喜对工人关怀备至，对家人要求严格。他家1960年11月从重灾区玉门来到大庆，当大队长时家有母亲、妻子、弟妹、儿女9人，1962年生了小女儿月琴，共10口人。母亲何占信，虽已年过花甲，有病在身，但精明能干，深明大义，替王进喜操持家务，全力支持铁人的工作。一大家子人，四五个念书的，全靠王进喜一个人工资和爱人的一点收入生活，经济上十分困难，全靠母亲精打细算、勤俭持家过紧日子。他们家按人口平均收入是全大队最低的。钻井工会决定给他家长期补助，经常发给营养品。补助款都补助给困难的职工和家属，或者用来供养因公牺牲的职工的母亲和弟弟、妹妹。发来的营养品他都送给在大医院住院的病号，有时间自己带上去慰问，没时间就叫通讯员代表他给送去。通讯员庞锐说："铁人上有高堂

△ 铁人"全家福"。王进喜（左四）和母亲何占信（左一）、妻子王兰英（右二）、妹妹王立（右一）同孩子们合影

老母，下有瘫痪女儿，自己也伤病在身，可每次发营养品都叫我送医院，我说留一点吧，他坚决不让！"

经常出现单位或某个人往家里送东西的事情。王进喜就和母亲商量后对全家规定了一条："公家东西一分也不沾。"这条家规，王进喜的家人一直遵守着。1970 年秋，老母亲因病住院，附近服务大队听说老人爱吃蛋糕，就做了些给送到病房。老太太一听说是单位做的，就说："进喜说过，公家的东西一分也不沾，一口都不动。"等二儿子从附近商店花钱买来了，才香甜地吃起来。在场的人都落了泪。

司钻陈国安正打钻时腿一软坐在钻台上，不知得了什么病，王进喜把他送到职工医院住院。因看不出病因，铁人又利用到省城开会的机会，把陈国安带到哈尔滨住院，可还不见效。铁人又趁到北京开全国人代会的机会把他带到北京，托人住进了宣武医院治疗。陈国安有三个孩子，铁人把他家属从大田队调到服务队工作，就近照顾孩子。陈国安在北京住院，铁人每次出差开会都去看他，鼓励他坚定信心治好病。出院后，又把他安排在服务队修鞋组领青年人为工人修鞋，一家五口，两人上班，日子过得很好。"文革"中铁人被游斗，陈国安拄着拐出来拦车救铁人。造反派把他推到路边，他站起来拄着拐破口大骂："铁人是大会战的大功臣，我们家的大恩人，你们斗他伤天害理，不得好死！"车走远了，他还久久地站在那里。

"文革"中敢于出来救铁人，那是冒着风险的。从这里我们看出铁人与人民群众之间的关系是鱼水情深的血肉关系，他是真正的人民代表，代表的是人民群众的根本利益。铁人是党和人民的老黄牛、好公仆！

➔ 小本记差距

★★★★★

　　铁人和会战将士的汗水换来了丰硕成果，大庆会战很快取得了胜利，到 1963 年年底大庆油田就建成了年产 600 万吨的生产规模，累计为国家生产原油 1100 多万吨，占全国产量的 58%，从根本上改变了我国石油工业面貌。

　　1963 年 12 月，周总理在全国人大二届四次会议上庄严宣告："我国需要的石油，过去绝大部分依靠进口，现在已经可以基本自给了。" 12 月 26 日，新华社向全世界发布消息："我国过去一直依靠国外进口'洋油'，现在随着我国石油工业的建立和迅速发展，中国人民使用'洋油'的时代，即将一去不复返了！"

　　听到这样的喜讯，正在省城开会的王进喜高兴得楼上楼下跑，把消息告诉给大家。

　　紧接着重大消息一个接一个传来。

　　1964 年 2 月 5 日，党中央发出了《关于传达石油工业部关于大庆石油会战情况的报告的通知》，

△ 王进喜参加全国人代会，在小组讨论时发言

肯定了大庆的成果和经验，毛主席发出了"工业学大庆"的伟大号召。

4月19日晚，中央人民广播电台播发了《大庆精神大庆人》长篇通讯，第二天各大报都予以发表，从此铁人王进喜的名字随着大庆油田的公开报道，同大庆、大庆人一起，传遍了中国和世界。

这一年，王进喜被选为全国人大代表，于年底到北京参加全国三届人大一次会议，不仅参加小组讨论，还作为工人代表在大会上发言，介绍了大庆的情况和经验。毛主席和中央领导接见代表时，他被安排在第一排正中间，站在毛主席、刘主席的背后，浑身充满了一种巨大的幸福感。

令他没想到的是，12月26日，毛主席过生日，请王进喜和陈永贵、邢燕子、董加耕四位劳模出席他的生日便宴。席间，毛主席给王进喜夹了菜，劝他多吃一些，还表扬大庆工人干得很凶打得好，称赞他是"工业带头人"。嘱咐四位劳模"不要翘尾巴。一辈子也不要翘尾巴，要夹着尾巴做人"。

从此，王进喜成为名人。人们在学大庆，同时也在学铁人。

艰苦困难是考验，鲜花掌声也是一种考验。在胜利面前，王进喜一直保持着冷静的态度，保持着谦虚谨慎的作风。毛主席请吃饭那是多么大的荣耀啊，可是他从来都不讲，谁也不知道。人们是在几十年后，从一本杂志上刊登的董加耕的一篇回忆文章中得知的。准备报道大庆时，《人民日报》派一位以写人物著称的记者，采访两个月，写出一篇上万字的人物通讯，准备在《大庆精神大庆人》之后作为第二篇发表，可是被铁人以"没有突出党的领导和群众作用"的意见给枪毙了，所以在第一轮报道中，就没有铁人的专稿见报。

在学大庆高潮中，王进喜按照大庆工委的部署，认真学习毛主席"反对骄傲自满，克服故步自封"的教导，用"两分法"总结自己的工作，他在笔记本上写下了这样的体会：

我是个普通工人，没啥本事，就是为国家打了几口井。一切成绩和荣誉都是党和人民的，我自己的小本本上只能记差距。

王进喜说到做到。他牢记着毛主席"一辈子也不要翘尾巴"面对面的教导，下决心永远"夹着尾巴做人"。

到二大队体验生活的艺术家孙维世、魏钢焰请他到1960年1205队打的被人们称作"铁人一口井"的萨55井去讲"过五关斩六将"的事迹，他却把他们领到"难忘4·19"质量日填掉的那口"教训井"上，讲自己也走过麦城，请他们帮助自己找差距，改进工作。

"讲成绩，不要忘了大多数"，这句话，就是他自己行动的写照。在大庆，一旦有什么光荣的事，他都想办法在不违反纪律的前提下，让那些不被想到、不易出面的人也能有参加的机会，做到让大家共享幸福。1966年5月，周总理第三次视察大庆时，王进喜求得上级批准，让十几年如一日一直默默无闻干工作、什么也不争的老技师许毓茹到临时机场去迎接总理。当不知内情的老技师看到周总理走下直升机时，才明白是咋回事，感到见到总理这是自己最大幸福。他说，人都说"有难同当易，有福同享难"，可老铁却做到与大家甘苦与共，幸福同享。

"内乱"砥中流

⊖ 为了新目标

★★★★★

1965 年 6 月，中共大庆会战工委任命王进喜为大庆油田钻井党委常委、钻井指挥部副指挥。职务晋升以后，他说："我当了什么，首先还是个钻工。"保持劳动人民本色不变。他又感到职务高了，意味着责任更大了，要为领导分担更大的压力，挑更重的担子，确立更高的奋斗目标。

在 1965 年 7 月于大庆召开的石油部政工会上，他在发言中明确地提出了"省省有油田，全国管线连成网，按 6.5 亿人口算，每人每年搞上半吨油"的奋斗目标。这个目标在一些人看来有点过高，可奋发思变、敢想敢干的铁人却认为有党的领导，有全国人民支援，有全体石油职工的努力，这个目标完全可以实现，人想一丈，可达九尺，有了梦想，才能实现理想。从此，这个"半吨油"和当年那个"煤气包"一样成为铁人为油田大干的思想动力，他满怀信心、干劲十足地投入了新的战斗。

当时，正处于全国学大庆的高潮之中。作为先进人物的王进喜接待任务很重，因此，钻井党委没有分配他负责专职工作，让他全力以赴地宣传好大庆精神，做好接待工作。可他总是见缝插针，像以往"跑井"那样下井场、上井队，帮助基层解决一些生产生活中的实际问题。32139 钻井队打松基 6 井，经常发生断钻杆的情况。王进喜来到这个队和技术人员一起找原因，帮助解决了问题。

一些钻井队在试验打"三一优质井"，就是用一个钻头一天时间打出一口质量优良的 1200 多米的优质井。这项试验关键在用好刮刀钻头。铁人就到这些队和技术干部、老工人一起对用过的钻头逐个分析，总结经

△ 王进喜在全国工交会议上做报告时朗诵自己写的诗

验教训，提出合理化建议，帮助很多队实现了"三一井"的目标……

如果没有完整时间，不能下基层，王进喜也不坐办公室，而是在大院里坐在综合调度室的门口和人谈话，或者自己抽烟琢磨问题，让找他办事的人一进院就能看见他。一旦有人来办事，近处的领着找有关部门帮你办，远处的就打电话帮你联系。有个队正打钻，突然电瓶坏了，影响了生产，队长急得团团转，来机关大院正碰上王进喜。铁人说你别急，你们队附近的罗－1205队有一个新电瓶闲着，你去找他们，说是我说的让你们拉走先用。队长去落实，很快解决了问题。

1966年2月16日，早已开幕的全国工交会、工交政工会在人民大会堂召开扩大会议，请铁人王进喜做报告，全体代表和中央工交各部门、北京市和各省市工交系统的局级以上干部一万多人参加大会。

报告会开始，王进喜拿出事先准备好的"大字题纲"讲稿做报告。在讲到为什么着急到大庆参加大会战，很动情地说，我是憋着一口气到大庆的。这口气从59年开会在北京看到"煤气包"时就憋下了。憋的什么气呢？外国人说我们是"贫油国"，我听了就生气。我就不相信，石油光埋在他的地底下；外国人说我们"笨得很"，我也生气。我就不相信天底下只有你外国人才聪明。毛主席说"占世界四分之一的中国人民站起来了"，站起来的中国工人阶级最聪明。光生气不行，还得干。我恨不得一下子飞到大庆，一拳头砸出一口井来。站起来的中国人民是天不怕地不怕的硬汉子。说到这儿他站了起来，大声地说，我们要奋发图强，自力更生，艰苦创业，高速度、高水平拿下这个大油田，把落后帽子甩到太平洋里去！给党和国家争光，为中国人民争这口气！说完把讲台上的前进帽拿起来甩了几甩，引起一阵长时间的热烈的掌声。让人感到这个铁人，就是毛主席说的那种"站起来了"的中国人。讲到最后，他说，现在第三个五年计划开始了，党和国家向大庆提出了更高的要求，我们一定继续艰苦奋斗，国家要多少油就产多少油。

现在到处都在支援越南人民的抗美救国斗争。好多人写诗表达自己的决心。我也想写首诗表示一下，但文化低，写不来，就琢磨出几句，给大家念念。说着就站起来打着手势高声朗诵道：

　　　手扶刹把像刺刀，

　　　钻杆就像机枪和大炮，

　　　压力一加钻头就向地球里边跑，

　　　打完进尺，原油就呼呼噜噜往地面冒。

　　　建设祖国，支援越南人民，

　　　战胜苏修，气死美国佬。

一朗诵完，全场都站了起来，报以长时间热烈的掌声。

1966年春夏之交，应阿尔巴尼亚工矿部之邀，我国派一个代表团去帮助工作。石油部领导决定让铁人王进喜和大庆家属标兵陶冰华随团介绍大庆经验，宣传大庆精神。代表团于6月4日出发，在阿活动52天。这是铁人第一次也是唯一一次出国访问。

在访问中，王进喜每到一地，除了做报告，介绍大庆会战的情况，宣传大庆精神外，还积极参加阿方油田，主动了解石油生产的情况，学习人家好经验。

有一天，阿工矿部长陪他们参观，在介绍情况时，说阿尔巴尼亚180万人口，生产石油近百万吨，做到了"平均每人每年半吨油"，王进喜听完震惊了。他想，阿尔巴尼亚是个小国，可人家已做到了"平均每人每年半吨油"。我们国家是个大国，这几年石油工业有了大发展，基本自给了，可平均到每个人手里才有多少？从此这个"半吨油"如同那个"煤气包"一样，像条虫子一样噬咬着他的心。他对陶冰华说："咱们还不行，就算有了个大庆，平均每人才几两油呀！比富比不过英美，连阿尔巴尼亚都比不过，还是个贫穷落后。咋办呀，没别的，回去后咱们还是需要拼命干呀！"

1966 年是"三五"计划第一年，是"学大庆"的高潮年，大庆工委按照"两分法前进"的指导思想，确立了"支援四川，发展大庆，再创新水平"的奋斗目标。在这次"新进军"中，作为"火车头"的钻井战线毫不示弱。1202、1205 这两个"钢铁钻井队"瞄准苏联一个"功勋队"曾创造年钻 40861 米的高纪录，提出要在 1966 年实现"年钻 5 万米，超过功勋队"。

心怀"半吨油"大目标的王进喜心里高兴，就到这两个队去，帮助他们攻克技术难关，提供后勤保障。

1966 年 5 月 3 日，周恩来总理陪外宾第三次到大庆视察。当他听到 02、05 两个队要"上五万，超过苏联功勋队"的消息，心里很高兴，握住王进喜的手，对他和在场的工委领导说："两个队打上 5 万米时给我发电报，我一定替你们向毛主席报喜。国务院要鼓励你们！"这两个钻井队，没有辜负周总理和全体大庆人的期望。他们 1966 年 1 月 21 日（农历大年初一）开钻，只用 6 个月零 10 天就打井 42718 米，超过了苏联功勋队。到 8 月 18 日两队双双打上了 5 万米，实现了年初提出的奋斗目标，把口号改为"年钻 10 万米"。

到七八月份，全国和北京的"文化大革命"已经闹腾很欢，对经济工作产生了严重影响。对"文革"危害已有察觉的周总理，为稳定经济形势和兑现在大庆许下的承诺，他指示石油部组织报捷团进京报捷并参加国庆 17 周年观礼。石油部组织了报捷团，让王进喜当团长带领四川油田的 32111 钻井队、胜利油田的 32104 钻井队和 1202 钻井队、1205 钻井队、大庆劳动家属到北京，于 9 月 27 日，在国家经委、计委召开的报捷大会上报了捷。

9 月 29 日下午，周总理亲切地接见了报捷团。王进喜和代表们向党中央、国务院报了捷，之后留下部分人座谈，王进喜告诉总理，05、02 两个队已于 8 月份双双打上 5 万米，10 月 1 日将打到 7 万米，年内可打上 10 万米，总理说你们一定要超过美国，王进喜说 12 月份一定上 10 万，决心超过它！

10 月 1 日，北京举行了庆祝建国 17 周年大典。王进喜和 32111 队的王有发等，登上天安门向毛主席报了喜。

国庆过后，王进喜到一些单位介绍情况，参加一些活动。10 月 4 日，他应邀到人民艺术剧院去参加一个座谈会。在后台休息时，一些演员围着他问这问那。这时青年演员李光复拿出一本《毛主席语录》，请他在扉页上签字。王进喜拿出笔，写上"大庆油田王进喜"七个大字，并署上"66.10.4"这个日期。这时李光复还不满足，就说："请铁人给写几句鼓励的话呗！"王进喜略做思考，又在不太宽裕的上方写道：

讲进步不要忘了党，

讲本领不要忘了群众，

讲成绩不要忘了大多数，

讲缺点不要忘了自己，

讲现在不要割断历史。

了解情况的人都知道，在这之前，王进喜曾给人讲过或写过"四讲·四不忘"。这次给李光复题词，他特意在"四讲"之后加了一句"讲现在不要割断历史"，完全可以看出他对现实的关注和对新的问题的思考。

这个"五讲·五不忘"题词闪耀着哲学光辉，表现出铁人思想的成熟，这为他经受"文革"严酷考验打下了思想基础。

→ 生产不能停

★★★★★

正当王进喜为实现新目标而忙碌时，"文革"在向他逼近。

1966年10月7日，王进喜回到大庆。看到的情况让他大吃一惊。找工委领导汇报，一个也没找到，办公室都被各种"造反"组织占领了，到处贴满了"踢开党委闹革命"、"停产闹革命"的大字块和大字报。到基层去，看到的一边是工人和基层干部们认真工作，扎实大干，努力完成各项任务；另一边是一伙一伙的人在瞎闹腾，撂下工作，煽动"停产闹革命"……

这一切使他茫然又着急：革命从来都是共产党领导的，"踢开党委"还闹什么革命呢? 并是我们的家，油是我们的命，停了产，还怎么完成"支援四川，发展大庆"的任务，怎么实现"半吨油"目标。这种情况一直延续到年底，一天比一天乱。1205、1202两个"钢铁钻井队"，于1966年12月26日双双打上10万米，不仅超过了苏联"功勋队"，还有美国"王牌队"，实现了周总理交给的任务。王进喜费尽口舌和钻井一路的群众组织联络，于12月29日召开"上十万庆功会"。结果庆功会没开成，却变成了一个批判大会、点火大会。

大庆真的出现了"天下大乱"的局面。

在王进喜看来，要扭转局面，必须靠党。大庆党组织不能工作了，只有去找石油部党组。他领一名干部连夜赶到北京，一看石油部领导也都揪斗了，没办法只好去找周总理，周总理于1967年1月4日接见了王进喜和有关方面负责人，决定于1月8日召开一个大会，搞一次接见，表明中央的态度，动员来京的职工回原单位，动员全石油系统职工"抓革命，促生产"，坚持业余"闹革命"。在北京工人体育馆召开的"一八大会"上，周总理面对石油系统万名职工发表了重要讲话。在讲话中，特别强调工矿企业不能停产闹革命。他反复说明，石油是保证国计民生和国防的重要物资，出了问题不好交代。要求各油田工人尽快回到各自岗位上去。所有的人都要坚持"抓革命，促生产"，决不允许停产闹革命。

会后，周总理又建议党中央做出决定，对大庆实行军事管制，以保卫大庆安全和油田生产。

"一八大会"后，王进喜回到大庆，在百里油田上奔走呼号，传达和贯彻总理讲话精神，动员群众坚持"抓革命，促生产"，努力争取做到大庆生产一天也不停。

铁人只抓生产"不革命"，惹恼了一些人。他们说"王铁人是王铁杆"、"假革命，真保皇"。给他扣上了"大工贼"等四个大帽子，罗织了所谓"十大罪状"，进行残酷的批斗和迫害。在刑讯逼供面前，王铁人铁骨铮铮，他说：

"刀架脖子我也不承认大庆红旗是黑的。"与林彪、"四人帮"的干扰破坏进行了针锋相对的斗争!

在生死关头,老工人和广大群众保护铁人,周总理亲自营救铁人。军管会按周总理指示把王进喜送到军营里保护起来。为防止被人发现,抢去批斗,隔几天换个地方。

在整洁、干净、安全的军营里,王进喜想到外边的情况,怎么也待不下去,就趁警卫战士不注意跑出军营,回到钻井指挥部,参加了刚刚组建的"抓革命,促生产"一线班子,开始工作,首先恢复了最拿手的一招,去"跑井"。

那些欲置他于死地而后快的人,一直在寻找"失踪"了的铁人。他走出军营,冲上一线,那就是走向危险。军管会、钻井一线班子和广大群众都在想办法保护铁人的安全。可他自己对这些全然不顾,就领上几个青年和自己的小儿子到处奔波,凭着自己的责任心、经验和智慧,一个一个地解决钻井生产中的实际问题。1209队在杏树岗打井,由于受无政府主义影响,一些人不积极,找个借口就不干活,一口新井一个月都开不了钻。铁人来到队上一了解,就是因为缺一个大腿销子起不了架子。铁人过去批评队长,装建队人来了,一问就是没有销子又要走,铁人说别走,他凭经验找来一个泥浆泵中心轴拉杆当销子,很快就架了架子开了钻。这时有个工人说:"还是老家伙有办法。"铁人说:"活人不能叫尿憋死,办法总是有,就看你想不想!"

八百垧和创业庄两地是钻井工人和家属集中居住的地区,人口很多。可是只有一趟用布篷大卡车当交通车的公交线路,叫"八路线"。其中有一段大约10公里的路段只有草原土路,一下雨就不通车了,工人就没法上班,没法回家,甚至发生了患急病小孩子得不到及时救治而死亡的惨剧。王进喜找有关部门,和沿途受益单位串联,上马修公路。从设计、备料、组织人力机具,甚至某个地方修涵洞都自己亲自动手去筹划、组织,一个人要顶几个人用。最后他的行动和决心感动了大家,都来参战。终于用半年时

△ 王进喜深入基层动员工人们坚持打井拿油

间在草原上修成了一条从张铁匠到八百垧的平坦宽敞的沙石路。让工人、家属出行有车坐。

大家都说没铁人就没有这条路,可把铁人累坏了!

王进喜就是这样,在百里油田上奔波。走哪儿吃哪儿睡哪儿。有时赶不到井队去,就铺上老羊皮袄睡在桥洞或者露天地里。广大干部、工人看到铁人经受住了这样超常的严酷考验,变得更坚强更成熟,从心里产生出更加深沉的爱,更加崇高的敬意。他们千方百计想办法保护铁人。一次,他到1201钻井队工作,不知怎么走漏了风声,工人们赶快让他到别处去躲一躲,而且想出了一个用"消息树"的办法通信息:在附近的一棵大树上挂件工服，工服在，是安全的；工服不在，千万别回来。

像铁人这样坚持生产，保卫油田安全的，在大庆有千千万万。

一次，一伙人到采油一部中一队井上，胡说"岗位责任制是套在工人身上的枷锁"，逼迫工人把墙上的"岗位责任制"撕下来，关井停产。老工人王友全站出来说："岗位责任制是我们用汗水和生命总结出来的，想撕掉没门，就是撕掉墙上的，也撕不掉我心里的，要命有一条，想关井是妄想！"把他们赶出了值班房。

正是有以铁人为代表的大庆工人队伍的英勇战斗和勤奋工作，大庆原油生产不仅一天也没有停，还有较高的速度不断增长，到"文化大革命"结束的 1976 年，年产量已经达到 5000 万吨，开始了稳产 27 年的征程。

➡ "代表是责任"

★★★★★

1968 年初，大庆形势好转，各单位革委会陆续成立。王进喜先是担任了钻井革委会副主任；1968年5月31日，大庆革委会成立，他又被推选为大庆革委会副主任；2月，大庆党的核心小组组建，他是核心小组副组长，紧接着又被选为中国共产党第九次全国代表大会代表。

1969年4月，党的"九大"在北京召开。作为大庆的代表，王进喜参加了这次代表大会。

大会开幕以后，令王进喜想不到的是自己成了主席团成员。主席团不是按官大小，而是按姓氏笔画排座位。这样王进喜就坐在普通成员的第一排。开幕式那天，正在经受磨难的王进喜坐在自己的位子上，真有点从地狱出来进了天堂的感觉，心里又喜又忧，忐忑不安，止不住流下了激动的泪水。回到前门饭店住处，王进喜和新结识的好朋友王白旦谈感想，他对王白旦说："我只有一个想法，就是没有共产党就没有新中国，就没有我王进喜。这一切并不是自己有什么本事，有什么功劳，只能说明党对咱们的关心和培养，啥时候也不能忘了咱们是工人阶级的代表，不能忘了自己的责任。"晚上睡不着，他想起大庆的工作，想起那一堆堆的难题，心情很沉重，真有点觉得愧对党对自己的信任。

更让王进喜想不到的是，他和王白旦都进入中央委员候选人员"大名单"，最后都被选上了。王进喜又说："泥腿子、放牛娃也能当中央委员?！这是党的关怀和培养。不是咱们个人的事，咱们是代表工人阶级的，一刻也不能忘记自己的责任。选上是党的关怀信任，咱只有好好学习，干好自己的工作。"

大会选举时，主席台上也设了票箱。毛主席、周总理投完了票就坐在那里一边唠嗑，一边看着主席团成员一个接一个地投票。王进喜投完票返回自己座位时，从毛主席面前过，周总理起身把他截住介绍给毛主席，说："主席，这是大庆的铁人王进喜。"毛主席很高兴，也站起来伸出手笑着说：

"王进喜我知道，是工人阶级的代表。"铁人赶忙伸出自己的双手握住毛主席那温暖的大手。毛主席风趣地说："你长得很结实，像个铁人嘛！"这时正好有一位摄影记者在旁边，按动快门拍下了这历史的瞬间。

这是王铁人和毛主席唯一一张握手的照片。

"九大"闭幕以后，王进喜立即回到大庆，以全新的精神面貌投入工作。他进机关，下基层，认真传达"九大"精神。坚持"跑井"，认真地解决基层生产、技术、生活实际问题。

为了恢复艰苦奋斗光荣传统，他1969年8月，集中30多人，成立了一个"回收队"，泥里水里，黑夜白天，和工人一起回收废旧器材和物资，结合实际用毛主席自力更生、艰苦奋斗、勤俭建国的思想教育大家，恢复和宣传大庆艰苦奋斗的创业精神，培养出大庆"六个传家宝"之一的"回收队精神"。

继天津、山东、江苏、辽宁发现油田之后，1969年又在湖北发现了江汉油田。王进喜感到离"省省有油田，管线连成网，全国每人每年半吨油"目标又近了一步，他怀着喜悦的心情做好支援江汉会战工作。"

这段时间，王进喜花很大的精力重点抓紧做好解放干部的工作。

在"九大"开会期间，他特别注意学习毛主席"革命委员会要真正起作用，关健是发挥干部的作用"和"治病救人"、"及时解放"等指示精神，认真思索解决大庆各级干部的问题。大庆喊打倒呼声最高的是"宋陈季王"这四个人。四个人中，这个"季"是季铁中，是从沈阳军区转业到大庆的，据说是犯了什么错误，所以一些人盯住他不放。他就去找东北大组召集人陈锡联问情况。陈是季的老上司，告诉他说季铁中是个好干部，他在部队时犯的错误，现在看也不是错误，应当早日解放出来。其余三个，宋振明、陈烈民、王新坡都是会战老领导，自己很了解，应该没什么问题。

回到大庆以后，在党的核心小组和革委会常委会议上，他认真贯彻"九大"精神，他特别强调解放干部的重要意义，明确提出要"解放宋陈季王"。在北安农场传达"九大"精神会议上，他大声宣布要解放"宋陈季王"。在那儿劳动的季铁中女儿听完回头告诉父亲。季铁中吓了一跳。"打倒"声已经听了几年了，突然有人要解放自己，有如在冰冻中感到一股暖流，心生一丝希望。

钻井一大队副大队长秦大国，有人说他在解放战争时出卖我党四名干部，是"叛徒"。王进喜说他那时还是个小娃娃，咋能干那么大的事。让大队派人去调查，结果是别人诬陷的，很快解放了。

1202队老指导员韩荣华在水电指挥部当党委书记，被打成"走资派"，靠边站了。王进喜找到这个单位军代表，对他说，一个会战时期的老标兵，什么问题也没有，赶快解放。不久，韩荣华就出来工作了。

1970年春节，王进喜带一个慰问团到江汉会战前线去慰问、回访。他把那些活动分配给其他同志，自己则找相关人员了解情况，一个一个地做解放干部的工作。

最后，解放了包括老指挥李敬在内的一批干部，人们说："铁人到江汉转了一大圈，解放干部一大片。"

后来，李敬谈起这些，激动地说："铁人做解放我的工作，不光是对李敬负责，首先是对党负责。他到江汉是慰问，完全可以风风光光地走过场，不必管这样担风险的事情。可他却要管，管得那么认真。这就是国家主人翁的本色，优秀共产党员的本色。"

临危再"找党"

★★★★★

虽然有工人坚持生产，有铁人这样一大批优秀干部积极努力工作，大庆生产一天也没有停，且有稳步增长，但由于干部得不到解放，各项规章制度废弛，科研机构被砸烂，科学管理跟不上，出现了地面上事故不断、偷盗原油物资的现象得不到遏制、注水跟不上、油田地下压力下降、原油产量下降、原油含水上升这种"两降一升"的危险局面。

对这种情况王进喜看在眼里，急在心上。一有机会就在班子内部大声疾呼。在油田上解决不了问题，就去北京找石油部反映问题。正好石油部军管会在北京召开抓革命促生产会议，王进喜就在这次会议上，向老部长、国家计委主任余秋里做了汇报。余秋里一听情况严重，就指示石油部军管会帮助王进喜整理出一份《当前大庆油田主要情况的报告》，准备向周总理和国务院直接汇报。

3月18日，在国务院一个小会议室，周总理接见了王进喜，听取关于大庆情况的汇报。参加接见的有余秋里、陈锡联、刘光涛和石油部军管会的领导。

铁人的汇报，引起周总理高度重视，他对大庆工作做了重要指示。主要讲三方面问题：一是加强领导班子，加速解放大庆干部。在搞好班子建设中，很重要的一条是不要忘本，要坚持传统，恢复"两论起家"的基本功；二是部队的同志要统一认识和行动；三是地下亏空问题要引起高度重视。石油部可以以国务院的名义抽调几个油田的工程技术人员去大庆蹲点，帮助解决"两降一升"问题，保护好大庆油田。周总理在《报告》上做了四处批示。第一条就是在"加强领导班子建设"一段的旁边批上"恢复两论起家的基本功"。

总理指示和批示为大庆工作指明了方向，给大庆军民以极大的鼓舞。经过广大干部、工人、解放军的艰苦工作，到 1970 年年底油田地下形势好转，到 1971 年末基本扭转了地下被动局面，油田开发再次走上正常轨道。全年产油达到 2669.13 万吨，比 1970 年提高了 25.99%，为大庆后来年产上 5000 万吨打下了基础。

大庆有一条明确的思想路线。会战时是靠"两论起家"，胜利后靠"两分法前进"，"文革"中遇到严重的干扰和破坏，周总理又非常鲜明地指示要"恢复两论起家的基本功"，这是对林彪、"四人帮"两个反党集团的有力回击，使正确思想路线得以延续。铁人王进喜是遵循这条路线前进的，也是为坚持这条路线做出了积极贡献的！

➡ 回乡举大旗

★★★★★

　　1970 年 4 月，"文革"中的第一次全国石油工
作会议在玉门召开，石油部军管会通知正在北京开
会的王进喜作为特邀代表一定要参加。

　　王进喜离开家乡已经 10 年了，真想回去看看。
可是贯彻总理批示，解决大庆问题迫在眉睫，他向
部里请假，不去开会。可部军管会领导说："请你出
席会不光是因为你是中央委员和劳模。因为你了解
大庆真实情况，又有正确的指导思想，出席会议既
能解决大庆问题，落实生产任务，又能推动全国，
举足轻重呀！"答应他可以完成主要任务后，提前
离会回大庆贯彻总理批示。

　　王进喜于 4 月 4 日赶到了玉门，回到了久别的
家乡。

　　4 月 5 日，全国石油工作会议开幕。这次会议
的中心议题是研究制订石油系统"四五"计划，落
实各油田生产任务。在大庆组讨论怎样落实生产任
务时，王进喜和多数代表驳斥个别人说的"路线不

清，没条件搞生产"的论调，按部里的"四五规划"落实了大庆的生产任务。

大会进入高潮时，安排铁人做报告。王进喜精神饱满，豪情满怀，在讲了大庆的形势和对全国石油工业的发展的看法和建议之后，对未来工作，他明确提出，大庆钻井要实现"日上千，月上万，一年打他十几万"，采油要尽快达到年产4000万吨，全国要在70年代实现原油年产上亿吨，在世界上排名前列。

在报告最后部分，他豪迈地说："毛主席教导我们人总是要有点精神的，最近周总理又指示我们要恢复两论起家的基本功，我们应当像过去'石油工人一声吼，地球也要抖三抖'那样，大吼一声，震惊世界。我们要做到全国7亿人口，生产原油3.5亿吨，那就实现了'全国每人每年半吨油'。我们应当有这个志气，有这个理想。"

王进喜的报告引起了雷鸣般的掌声，使听者深受鼓舞。

铁人提出的奋斗目标大部分都被后人一一实现了。

完成主要任务以后，王进喜就抓紧时间回赤金，会战友。

自己最想见的人，是在旧社会为自己担保入矿的梁文德。他被打成"101案"的特务，正在戈壁庄劳动改造。王进喜说，那是一个旧社会受苦、新社会优秀的钻井队长，为拿油把命都豁上的人怎么能是"特务"呢？赶快派车去接，两人一见面，就紧紧拥抱在一起，老泪横流。唠了一会儿，王进喜说："师傅你放心，我马上和他们说，很快就解放你！"梁师傅一听，立即说："101案复杂得很，你可千万别管这个事，好好开会，散了会赶快平平安安回大庆！"可是王进喜没听，还是管了。不几天，梁文德就回机关上班了。

王进喜还管了殷其孝等老工人的事，给他们落实了政策。

办完这些事，王进喜要回大庆去落实总理批示，请假提前离会。可是没想到多年的老病犯了，胃疼一天比一天厉害。大会请玉门、兰州、酒泉军区等几个医院大夫来会诊，怀疑胃里有肿瘤。所以同意提前离会，但必须去北京下车去检查。派工作人员和一位大夫陪护他。

4月16日，铁人抱病到各油田代表团去告别。

4月17日，他离开玉门去北京。这一天天阴沉沉的，玉门少有地下了一场"四月雪"，几乎全体代表和战友们都冒着大雪来送行，人们把院子站满。铁人上车前双手抱拳高举过头顶，大声说："谢谢同志们啦！咱们大庆见！"

王进喜带走的是浓于血的亲情，留下的是铁的意志、铁的宏愿！

➡ "再干二十年"

★★★★★

4月19日王进喜到达北京。刚刚成立的燃化部伊文部长立即决定送铁人到解放军301医院住院检查，并向周总理、李先念副总理和中组部做了汇报。周总理指示301医院要慎重诊断，积极治疗。经过肠胃检查和专家会诊，最后确诊为胃贲门癌。

癌症，这是一个多么无情而又残酷的宣判啊。可是当伊文部长把诊断结果和手术方案告知铁人

△ 1970年国庆节，王进喜抱病登上天安门城楼，检阅群众游行，畅想未来

时，他却平静而坦然地说："癌症也是个纸老虎。我坚决听从领导和医院的安排，一不怕苦，二不怕死。告诉医生大胆治，治好了我回大庆再干他 20 年，治不好他们也可积累些经验。请大家放心！"

5月4日，医院为王进喜做了胃切除手术。手术后，王进喜一切正常，情绪乐观。他以坚强的毅力配合医生、护士积极治疗。不管怎么疼，都咬紧牙关一声也不吭；能动了，就自己下床上厕所，自己去食堂打饭，一直坚持到生命最后一刻。病情稍有好转，就开始管事、抓工作。

铁人最关心的还是解放干部工作。他没有忘记要尽早解放"宋陈季王"。宋振明被诬为"大庆最大的走资派"，挨批最多，斗得最惨。他真担心他想不开。于是，他自己口述，叫随身工作人员方廷振代笔写了一封信。写好后，研究出一个类似地下工作的"接头方法"让方廷振回到大庆找到宋振明向他转达了铁人的一片心意。铁人住院七个月，和宋振明通信三次。

癌症，在铁人心中是"纸老虎"，可在他家人的心目中，可是塌天的大事。从入院以后，他的妻儿、弟妹都陆续来看望他。

进入7月份，王进喜自我感觉非常好，张罗要出院。周总理对铁人的病非常关心，得知他不安心住院，经常违犯院规谈工作，特意到医院看望铁人。嘱咐他安心养病，工作等治好病养好身体再干。

对铁人情系大庆，心想石油，301医院的医护们深受感动，都愿意和他唠嗑。一次，护士们陪王进喜闲聊，逗他开心。他一个一个地问护士是哪里人，当听说一个护士是北京人时，立刻面露愁容，变得伤心难过起来。护士们不知哪句话说错了，再不敢吱声。过了一会儿，铁人才说："我对不起你们北京人呀！60年叫你们的汽车背上了'煤气包'，连油都烧不上了。现在想起来心里难过，脸上也不光彩。"护士们忙说："那也不怪你一个人，再说已经有油用了。"铁人说："现在全国石油工人正在大干，大庆形势也在变好,等你们把我治好了我回去再大干一场,将来一定能平均每人半吨油。"说这些时他完全沉迷于为油而战的幸福中，沉浸在一种理想境界中，癌不知跑哪儿去了，一点也不像个重病患者。

谈起这些，铁人的主治医生高连永大夫说："铁人经常给我们讲'煤气包'的故事，使人感到好像那个煤气包还压在他心头；他也常讲'半吨油'的理想，好像这个'半吨油'天天在前边招手。他跟我说：'中国的石油一定要走在世界的头里，我们不比外国人差，总有一天我们要超过他们。我相信总会有这一天。你们等着看吧！'"

铁人，没有被病魔摧垮。在癌症面前，他是个胜利者。

到 1970 年 9 月，王进喜感到肩胛不那么疼了，吞咽的阻塞感消失了，自己病好了，再次张罗要出院。

国庆节这天，王进喜上天安门城楼，以中共中央委员身份参加了检阅群众游行的活动。

王进喜看着群众游行队伍浩浩荡荡地走过，感受着毛主席、周总理对自己的关怀，心情激动，身上也无比轻松和舒畅。心想，这回病好了，过了国庆就回大庆，为石油事业发展再干他 20 年。还给自己出院后安排了三项工作：一是应病友之约，去大寨参观一次；二是回大庆时路过长春，下火车买他几十台解放牌汽车，发给钻井队；三是回到大庆，下了火车就开"万人大会"，宣布解放宋振明，解放大庆主要领导。他对自己这种长期规划和近期安排很满意。

英雄的铁人童心不泯。他哪里知道，他在天安门上用生命畅想、规划未来；而他的主治医生、大夫、护士们正坐在办公室里流泪，为治不好他的病而伤心难过！

高连永说："铁人以为自己病好了，高高兴兴张罗回大庆。他哪里知道，实际是已经全身扩散，出现'肝转移'，病更重了，他上天安门，我们是根据上级指示采取了特保措施的。他越高兴，我们越难过，真为自己治不好这样一位老英雄的病而愧疚！"

铁人站在天安门上，身板挺直，两眼有神。中央新闻电影制片厂在纪录片里给了他一个很长的特写镜头。这是铁人留给我们的最后的形象。我们看到的是坚毅、刚强和坦然、宁静。

铁人是一面永远的旗帜！

→ **英雄的绝响**

★★★★★

国庆节一过，王进喜的病情就开始加重。

英雄牵动万人心，周总理再次指示，要不惜一切代价抢救铁人生命。中组部、燃化部、黑龙江省委都派人来看望探视，并配合医院工作。燃化部机关、大庆许多同志四处寻医求药，希望用自己的方式来治好铁人的病。

康世恩同志因种种原因到10月中旬才从江汉赶到北京。这位曾指挥过大庆等多次会战、向来以沉稳老练著称的老部长，看到为大庆、为石油工业立下大功的老战友被折磨得不成样子，难过得不行。他含泪对几位主治大夫和专家说："无论如何要把铁人治好。你们说吧，要我怎么办？你们是总指挥，我给你们跑腿。要什么药，找什么人，你们坐镇，我去办。"

人心有望，病魔无情。铁人的病一天不如一天，进入11月以后，经常处于昏迷状态。这位一直相信自己能治好，从没说过"不行了"的钢铁硬汉，真正意识到什么时，也能冷静理智地面对。他在清醒时，逐步地交代身后事。

有一天，他把别人赶走，强忍疼痛和康世恩同志个别谈了近三个小时。铁人有时说话声音很大，外边能听到的说得最多的词是"大庆——油田地下——解放干部——恢复老传统"等等。

有一天，他从枕头下边摸出一个小纸包，交给守候在床前的一位领导同志，说："这笔钱，把它花到最需要的地方去，我不困难。"纸包里面是从住院以来党组织给他的补助费和一张铁人亲笔写的记账单。在场的领导和同志们凝视着这一分不少的现金和这张字字千钧的"记账单"，无不为之动容，流下了感动的热泪！

还有一天，弟弟王进邦守在床前，王进喜掏出300元钱交给弟弟，断断续续地说："母亲这一辈子很苦。我回不去了，你就用这点钱为我尽尽孝道吧！"他嘱咐弟弟、儿子和家人不要提任何要求，不要给组织添麻烦。

1970年11月15日23时42分，因医治无效，铁人的心脏停止跳动，老英雄离开了我们，年仅47岁。

日理万机的周总理得知铁人病危，立刻离开一个会议场赶往医院，向铁人告别，慰问家属，接见在场的医护和工作人员。他沉痛地对大家说："铁人同志为石油事业的发展奉献了自己的一生，是全国的一面旗帜，他的精神是伟大的，他的离去是石油事业的一个损失！"鼓励大家发扬铁人精神，继承铁人遗志，干好未竟的事业。

铁人的一生是战斗的一生，光荣的一生，伟大的一生。47个春秋岁月，他有26年在旧社会受苦。解放后为了做好"快快发展祖国石油工业"这一件大事整整奋斗了20年。他不甘离去，舍不得他热爱的油田和战友，还想要再干 20 年。可病魔无情,英年早逝。他实践了自己"宁肯少活二十年,拼命也要拿下大油田"的千钧誓言,真的比我们少活了起码 20 年,让我们悲痛不已。

1970 年 11 月 18 日下午,在北京八宝山革命烈士公墓,举行了向王进喜同志告别仪式。王进喜的骨灰安放在八宝山公墓正堂一室,和不少国家领导人同居一室。

1970 年 11 月 19 日上午,在大庆举行了隆重的追悼大会,大庆干部、职工、家属、解放军指战员和学生代表 1000 多人沉痛悼念铁人王进喜。同时还发出了《关于宣传和学习铁人王进喜同志的决定》。

同一天,铁人家乡玉门也举行了追悼大会。

大庆和玉门的广大干部、工人,铁人的朋友、故旧,采访过铁人的作家、记者,都以各种方式悼念这位过早离去的亲人、朋友和时代英雄。

后　记

中华民族魂

铁人用终生实践，为我们树立了一个道德模范、做人的楷模、学习的榜样，为社会创造了巨大的物质财富，也留下了宝贵的精神财富——铁人精神。

党和国家对铁人王进喜的光辉业绩和铁人精神高度的肯定，给予很多崇高的荣誉。毛主席、周总理、小平同志多次接见他；江泽民同志到大庆视察时，下了火车就赶到铁人家里去慰问他的家人；胡锦涛同志到大庆视察，也首先来到铁人带过的1205钻井队，慰问工人，和工人们一起高唱《踏着铁人脚步走》，嘱咐大家要用铁人精神去攻坚克难。习近平总书记在担任中央政治局常委、书记处书记、国家副主席期间，到大庆参加大庆油田发现50周年庆祝大会时，高度评价铁人的功绩和铁人精神。他说，铁人精神永远是激励中国人民不畏艰难、勇往直前的宝贵财富。一定要结合新的实际一如既往，与时俱进地大力弘扬。

经过几十年的总结，上上下下、方方面面取得共识，得出结论，一致认为，以"爱国、创业、求实、奉献"为核心内容的大庆精神、铁人精神，是爱国主义为核心的民族精神的重要组成部分，是以改革创新为核心的时代精神的重要组成部分，也是社会主义核心价值体系的重要组成部分。

半个世纪以来，大庆各级党、政、企组织和广大干部、工人、科技人员，一直坚持"学铁人，做铁人"活动，涌现出以"新时期铁人"王启民、"大庆新铁人"李新民为代表的一大批铁人式的好干部、好工人、好青年。在他们带动下，大庆各项事业都取得了辉煌成就；一直坚持通过著书立说、编印画册、拍摄影视作品、举办展览、创作各种艺术品来宣传铁人的业绩、传承和弘扬铁人精神。不同时期命名的铁人村、铁人学校、铁人广场、铁人邮局、铁人桥、铁人大道让铁人与大地同在，铁人永远活在我们中间，活在我们心里。

大庆先后办过四个铁人纪念馆，每天参观的人都络绎不绝。人们用各种方式表达对铁人王进喜的缅怀之情、学习的决心和高度的评价。一位全国人大副委员长题诗说："英雄王铁人，中华民族魂。"几位艺术家先后题词赞誉铁人是"民族的脊梁"，铁人精神是"石油魂"、"国魂"、"民族魂"。一位香港教授在题词中这样说："如果全中国人都效法铁人精神，那21世纪将是中国人的天下。"

铁人王进喜为什么能感动中国，感动世界，感动千千万万的人？"英雄王铁人，中华民族魂"，这就是最好的回答！

100位

新中国成立以来感动中国人物

丁晓兵　马万水　马永顺　马恒昌　马海德　中国女排五连冠群体

孔祥瑞　　孔繁森　　文花枝　　方永刚　　方红霄　　毛岸英

王　杰　　王　选　　王　瑛　　王乐义　　王有德　　王启民

王进喜　　王顺友　　邓平寿　　邓建军　　邓稼先　　丛　飞

包起帆　　史光柱　　史来贺　　叶　欣　　甘远志　　申纪兰

白芳礼　　任长霞　　刘文学　　刘英俊　　华罗庚　　向秀丽

廷·巴特尔　许振超　　达吾提·阿西木　邢燕子　　吴大观

吴仁宝　　吴天祥　　吴金印　　吴登云　　宋鱼水　　张　华

张云泉　　张秉贵　　张海迪　　时传祥　　李四光　　李春燕

李桂林和陆建芬夫妇　李素芝　　李梦桃　　李登海　　杨利伟

杨怀远　　杨根思　　苏　宁　　谷文昌　　邰丽华　　邱少云

邱光华　　邱娥国　　陈景润　　麦贤得　　孟　泰　　孟二冬

林　浩　　林巧稚　　林秀贞　　欧阳海　　罗映珍　　罗健夫

罗盛教　　草原英雄小姐妹　　赵梦桃　　钟南山　　唐山十三农民

容国团　　徐　虎　　秦文贵　　袁隆平　　钱学森　　常香玉

黄继光　　彭加木　　焦裕禄　　蒋筑英　　谢延信　　韩素云

窦铁成　　赖　宁　　雷　锋　　谭　彦　　谭千秋　　谭竹青

樊锦诗

图书在版编目（CIP）数据

王进喜 / 孙宝苑著. —— 长春：吉林文史出版社，
2012.12（2024.5重印）
（100位新中国成立以来感动中国人物）
ISBN 978-7-5472-1378-0

Ⅰ. ①王… Ⅱ. ①孙… Ⅲ. ①王进喜（1923～1970）
—生平事迹—青年读物②王进喜（1923～1970）—生平事
迹—少年读物 Ⅳ. ①K828.1-49

中国版本图书馆CIP数据核字(2013)第003096号

王进喜

WANGJINXI

著/ 孙宝苑

选题策划/ 王尔立　责任编辑/ 王尔立 李洁华 任玉茗

装帧设计/ 韩璘

出版发行/ 吉林文史出版社

地址/ 长春市福祉大路5788号　邮编/ 130118

电话/ 0431-81629363　传真/ 0431-86037589

印刷/ 天津海德伟业印务有限公司

版次/ 2012年12月第1版 2024年5月第5次印刷

开本/ 640mm×920mm　1/16

印张/ 9　字数/ 100千

书号/ ISBN 978-7-5472-1378-0

定价/ 29.80元